JACQUES CHIRAC A DIT

DU MÊME AUTEUR

François Hollande de A à Z, City, 2012
Histoire secrète des espions et de l'espionnage, City, 2011
Simone Veil, une passion française, City, 2011
Pensées, bons mots et traits d'esprit de François Mitterrand, City, 2011
Petit Dictionnaire de la vie et de la pensée de Charles de Gaulle, City, 2010
L'Histoire du monde en 80 secrets, City, 2010
Bertrand Delanoë, d'ombre et de lumière, City, 2009
Le Président de A à Z – Sarkozy, son parcours, ses idées et ses premiers 100 jours à l'Élysée, City, 2007
Les Grands Mystères de l'Histoire (vol. 2), City, 2007
Les Grands Mystères de l'Histoire (vol. 1), City, 2007
L'Élection présidentielle 2007 de A à Z, City, 2007
Ségolène Royal décryptée de A à Z, City, 2006
Sarkozy décrypté de A à Z, City, 2006

Jacques Chirac a dit

Anthologie établie par Laurent Pfaadt

MAZARINE

Avertissement

La plupart des citations présentes dans l'ouvrage sont datées. D'autres, récurrentes et restées célèbres, sont impossibles à dater mais n'en demeurent pas moins authentiques…

Couverture : © Nicolas W.
ISBN : 978-2-86374-370-6

Jacques Chirac, éternel conquérant

« En politique, il faut donner ce qu'on n'a pas, et promettre ce qu'on ne peut pas donner. »
Louis XI

Jacques Chirac est entré de son vivant dans notre mémoire nationale. Pendant près d'un demi-siècle, il a alimenté les conversations et animé nos écrans de télévision avec ses différentes caricatures et marionnettes. Avec François Mitterrand, il a formé pendant vingt ans ce couple typiquement français alliant droite et gauche, culture littéraire et culture populaire, ville et campagne, traits d'esprit et grivoiseries, Louis XIV et le sapeur Camenber, le Louvre et les vaches limousines, grands idéaux et esprit de résistance… Il était ce couple que l'on aimait voir s'affronter à la télévision, à qui l'on s'identifiait, et qui a fini par se succéder à l'Élysée.

Jacques Chirac personnifia à merveille notre animal national, ce coq gaulois bravache qui ne rechigne pas à marcher dans la boue pour porter dans les sommets internationaux la voix d'une France rebelle, indomptée, et si respectée dans le monde car si singulière. Avec ses discours et ses bons mots, il incarna également une culture française où la plaisanterie côtoie la philippique, où les grandes envolées lyriques répondent aux traits d'esprit populaires. Jamais vulgaire, toujours mordante, mêlant argot et lettres classiques, la langue de Jacques Chirac s'inscrivit dans cette longue tradition française de cynisme et d'impertinence, de Louis XI à François Mitterrand en passant par Voltaire, Hugo, Sainte-Beuve, Guitry ou De Gaulle. À sa manière, il s'avéra un génial ambassadeur de la France, de ses lettres, du français, de son esprit.

Avant tout, Jacques Chirac fut un redoutable animal politique, parfois plus soucieux de la conquête du pouvoir que de son exercice. L'homme demeura un combattant hors pair, ne reculant devant aucune difficulté – et elles ne manquèrent pas –, et n'hésitant pas à se mettre ses amis et le monde à dos pour parvenir à ses fins, tout en conservant un optimisme qui acheva nombre de ses adversaires. Et ils furent nombreux, ceux qui le sous-estimèrent, le défièrent ou tentèrent, un sourire condescendant aux lèvres, de lui barrer la route du pouvoir ! Extraordinaire stratège, il comprit mieux que quiconque, en formidable connaisseur de la culture chinoise, cette phrase de Sun Tzu : « Ce qui est capital dans les opérations militaires, c'est de faire croire que l'on s'ajuste aux desseins de l'ennemi. »

Qu'on le veuille ou non, celui qui est né en 1932 à Paris a marqué durablement l'histoire de la Ve République. L'affection d'une mère aimante et une énorme capacité de travail qu'il cacha souvent sous des airs de dilettante ou de bonhomie lui permirent d'accéder aux grandes écoles de la République, Sciences Po et l'ENA en tête. De cette dernière, marchepied du pouvoir républicain, dont il fustigea le formatage tout en utilisant son formidable réseau, Jacques Chirac sortit dans la botte, direction la Cour des comptes, après avoir effectué son service militaire en Algérie et s'être marié avec Bernadette Chodron de Courcel – notre Bernadette nationale –, qui devait succéder à Yvonne, Anne-Aymone et Danielle dans le cœur des Français.

On dit toujours que, en politique, il faut être au bon endroit au bon moment. Jacques Chirac mesura la chance qui fut la sienne lorsqu'il entra en 1962 comme chargé de mission au cabinet de Georges Pompidou. La fulgurance de sa carrière tint beaucoup aux rencontres qu'il effectua, et notamment celles avec ses deux éminences grises, Pierre Juillet et Marie-France Garaud, qui allaient façonner le grand escogriffe qu'il était en un homme politique de premier plan.

Durant ces années de formation au pouvoir, Jacques Chirac eut tout le loisir d'observer les manœuvres en coulisses, les tractations de couloirs et les assassinats politiques étouffés par les bruits feutrés des moquettes des grands palais de la République. Il observa également la fin de règne d'un général de Gaulle à bout de souffle et l'intelligence politique créatrice d'un Georges Pompidou, ce père qui guida ses premiers pas en politique.

Au bon endroit au bon moment. Dans cette France de la fin des années 1960, il est de ces hommes politiques qui ne reculent devant aucune difficulté, se saisissent des combats perdus d'avance pour exister politiquement, pour partir sur les champs de bataille que tout le monde a fuis, avec sa seule bannière au vent, telle Jeanne d'Arc à Orléans. Évidemment, l'Histoire est cruelle et sélective, et ne retient que ceux qui ont vaincu. En tout cas, en ce jour de mai 1967, lorsque le jeune conseiller municipal de Sainte-Féréole venu avec l'argent du gouvernement triomphe dans ce bastion communiste de Corrèze, personne ne sait encore que le destin de la France s'est arrêté ici, sur les terres du cardinal Dubois et d'Henri

Queuille. Jacques Chirac vient d'écrire le premier chapitre de son histoire qui se confondra avec celle de notre pays. Et de l'inamovible ministre de l'Agriculture de la IIIe République, il sut retenir la leçon qui veut que « la politique n'est pas l'art de résoudre les problèmes, mais de faire taire ceux qui les posent ».

L'histoire de France s'est toujours construite autour de la terre et de ses morts, affirmait Maurice Barrès. Avec la Corrèze, Jacques Chirac se constitua un fief, une attache avec la France profonde – celle des campagnes –, celle sans laquelle aucun destin présidentiel n'est possible. Tout au long de sa vie, il aima cette terre qui l'avait baptisé.

L'élection de 1967 mua le technocrate en homme politique. Devenu l'un des jeunes loups du pompidolisme, Jacques Chirac entra dans cette fin des années 1960 et ce début des années 1970 pour ne plus en ressortir. Les hommes qui marquent l'Histoire sont souvent ceux qui l'ont vécue précédemment. De mai 1968 à l'élection de Valéry Giscard d'Estaing en 1974, il fut de tous les gouvernements, de toutes les grandes décisions et, bien entendu, de tous les drames nationaux. Il oscilla entre les abysses et les sommets, entre critiques acerbes et popularité sans égale, toujours sous l'œil bienveillant d'un Pompidou, qui accomplissait son mandat sans retour. À l'Emploi, au Budget, aux Relations avec le Parlement, à l'Agriculture où son passage resta dans toutes les mémoires paysannes de notre pays, et à l'Intérieur, Jacques Chirac entama sa course vers les sommets de la République.

Les destins se construisent par ruptures. Il arrive un moment où l'on se retrouve seul face à soi-même, à ses choix, l'abîme derrière soi et l'inconnu sous ses pieds. Le 2 avril 1974, jour de la mort de Georges Pompidou, Jacques Chirac arriva à cet endroit. Il aurait pu renoncer et rester un homme politique de premier plan qui aurait accumulé des postes ministériels et aurait été oublié des manuels scolaires. Mais telle n'était pas la nature de Jacques Chirac, ambitieuse, frondeuse, toujours au bord de la rupture, prête à tenter toutes les épopées comme César ou Bonaparte. Jacques Chirac était animé de cette fougue insouciante, qualité d'une jeunesse politique qui avait, en ces temps d'espoir et de conquête, tout à gagner et si peu à perdre en définitive. Tel César franchissant le Rubicon, il s'engagea sur ce sentier étroit et semé d'embûches qui devait le conduire près de vingt ans plus tard sur le parvis de l'Élysée. L'Élysée était chez les Grecs cet enfer accueillant les héros morts. Lentement, méthodiquement, Chirac y envoya tous ceux qui s'opposèrent à son destin, à commencer par Jacques Chaban-Delmas, apôtre d'un modernisme honni et Pompée de la campagne présidentielle de 1974.

En faisant allégeance à Valéry Giscard d'Estaing, le nouveau président centriste de la République française, Jacques Chirac réussit un double coup de génie : il accéda au poste de Premier ministre (qui ne fut pas une sinécure) et décapita un mouvement gaulliste après l'avoir ringardisé dans ce que le journal *L'Aurore* appela un « mini-Brumaire ». Il ne lui restait plus qu'à se baisser pour ramasser ce qu'il restait de la vieille cité gaullienne qu'il rebaptisa RPR. Avec Giscard d'Estaing, cependant, il déchanta rapidement. Peut-être fut-il, durant cet unique moment de sa carrière politique, naïf. Mais l'homme était plein de ressources, et la naïveté changea très vite de camp, surtout quand on a toujours un coup d'avance. La démission d'août 1976 représenta une manœuvre fort bien jouée dans cette partie d'échecs à laquelle se livrait le président de la République et son Premier ministre, et qui devait s'achever par l'échec du Président en mai 1981.

Ayant quitté le gouvernement, celui qui avait eu pour grands-parents des hussards noirs de la République sonna alors la charge, sabre au clair, contre Valéry Giscard d'Estaing durant la fin de son mandat. À Paris, aux élections municipales de 1977, dans ce qui ressemblait déjà à la bataille de France du septennat, Jacques Chirac terrassa le candidat du Président, Michel d'Ornano, dont l'aïeul avait été, ici même, défait par les troupes de la coalition hostile à Napoléon. Devenu maire de Paris, Jacques Chirac disposa alors d'une citadelle pour partir à la conquête de l'Élysée.

La politique vous apprend la patience, elle est souvent un long chemin fait de déceptions et de frustrations. Jacques Chirac le savait mieux que quiconque.

Lors de l'élection présidentielle de 1981, il livra son premier combat contre le seul qu'il ne put jamais vaincre, François Mitterrand. Entre eux se dressait encore Valéry Giscard d'Estaing, qui parvint tout de même à se hisser au second tour de l'élection présidentielle de 1981 face au candidat socialiste. Son élimination, cette défaite, constitua pour Jacques Chirac une semi-victoire, car, avant de lutter pour le pouvoir suprême, il lui fallait faire le ménage à droite. On connaît l'histoire de ce second tour mouvementé, où Jacques Chirac favorisa officieusement François Mitterrand pour mieux se débarrasser de Valéry Giscard d'Estaing – qui mit longtemps à s'en remettre et erra dans son Sainte-Hélène politique.

Après les gaullistes en 1974, le chaos avait, en 1981, gagné toute la droite. Chirac se posa naturellement comme son sauveur et son redresseur. Il avait un bastion – Paris – et une machine de guerre – le RPR. La reconquête était lancée.

Et il n'eut pas longtemps à attendre. Après avoir été réélu à Paris en 1983, réalisant à cette occasion un formidable grand chelem, Jacques Chirac revint par la grande porte en 1986, à la faveur de la première cohabitation, cette forme de gouvernement si particulière. Premier ministre de François Mitterrand – qui l'eût cru dix ans plus tôt ? Certainement pas lui…

Comme en 1974 avec Giscard d'Estaing, Jacques Chirac trouva en face de lui une machine intellectuelle incroyable, doublée d'un sens tactique hors pair. Personnifiant l'opposition de droite face à un pouvoir socialiste tout puissant, il connut les limites, pour la première fois, de sa stratégie politique. Il apprit d'un Mitterrand cauteleux, parfois à ses dépens, les ruses infinies et les moyens d'action qu'offrait le pouvoir. Il ressortit laminé de cette expérience, lourdement défait lors de l'élection présidentielle de 1988. Avait-il lu *Le Crépuscule des idoles* de Nietzsche, qui avait écrit que « tout ce qui ne tue pas rend plus fort », puisqu'il en fit sa ligne de conduite ? Sans doute…

Le désert fut cependant long à traverser. Alors que la santé du Président socialiste commençait à décliner, Jacques Chirac affronta des velléités de changement au sein de son propre camp, entre putschs – menés notamment par Charles Pasqua et Philippe Séguin – et réorientations de la ligne politique. Cinq longues années à attendre, marquées par les coups bas. Mais il en fallait bien plus à cet incroyable survivant, qui avait fait de l'adage « tant qu'on n'est pas mort physiquement, on n'est jamais mort politiquement » l'un de ses principes dans cette arène impitoyable qu'est la politique.

Arriva alors 1993. Le pouvoir socialiste était à bout de souffle, marqué par les affaires et la maladie du Président. Aux élections législatives, le PS est balayé, humilié comme jamais il ne le fut. Échaudé par ses deux échecs précédents, Jacques Chirac laisse son ami de trente ans, Édouard Balladur, qu'il a côtoyé au cabinet de Pompidou, entrer à Matignon, lui-même se concentrant sur l'élection présidentielle de 1995. Et, malgré l'avertissement de Pierre Corneille – « Qui veut pouvoir ne doit pas tout oser » –, Édouard Balladur rompit cette alliance tacite et se présenta à l'élection présidentielle, suivi par une myriade de ministres, de courtisans, et parfois les deux. Ne comptant que sur une poignée de fidèles – Jacques Toubon, Jean-Louis Debré, Bernard Pons et Alain Juppé –, celui qui avait été si souvent sifflé, hué par ses propres militants, vilipendé par les caciques et humilié par les sondages, revêt une nouvelle fois son plus bel habit, celui du candidat.

Et le miracle se produisit. À grands coups de pommes et de fracture sociale, Jacques Chirac, revenu de l'île d'Elbe où l'avaient rejeté des hommes tel que Nicolas Sarkozy (qui lui ressemble à bien des égards), l'emporta. Certes, le vol de l'Aigle sembla de courte durée – de l'Hôtel de Ville à l'Élysée –, mais il fut périlleux et longtemps incertain.

Il y était arrivé. Trente ans après avoir fait ses premiers pas en politique, Jacques Chirac devenait président de la République. Il pensa très certainement à De Gaulle, Pompidou, Giscard et Mitterrand, qui résidèrent dans ce palais avant lui. Avec Alain Juppé, il se lança dans l'exercice du pouvoir, qui se révéla bien plus difficile qu'il ne l'imaginait. Retour sur les promesses de campagne, climat social tendu, Premier ministre impopulaire rythmèrent son quotidien. Il participa à la fin de la guerre en ex-Yougoslavie, mit un terme aux essais nucléaires, après le tollé provoqué par leur poursuite, et suspendit le service militaire.

Mais l'homme qui avait vécu l'Histoire était désireux de la faire. Ainsi, le 16 juillet 1995, dans son fameux discours du Vel'd'Hiv, il reconnut la responsabilité de l'État français dans la déportation de milliers de juifs pendant la Seconde Guerre mondiale. Ce simple geste le rendit immortel.

De nouveaux courtisans remplacèrent ceux qui étaient tombés en disgrâce après la fin du règne socialiste. Parmi eux, Dominique de Villepin, vaillant général de la chiraquie, qui suggéra une nouvelle campagne de Russie pour résoudre tous les maux politiques du Président et ressouder une majorité politique divisée. La dissolution de l'Assemblée nationale constitua la bérézina politique de Jacques Chirac. Elle ramena à Matignon – ce Moscou en flammes qu'avait quitté Alain Juppé – Lionel Jospin et un PS qui ne s'attendaient certainement pas à un retour aux affaires aussi rapide.

Cette retraite de Russie fut longue – cinq années –, pendant laquelle le stratège qui sommeillait en lui trouva matière à s'épanouir à nouveau. Il avait participé aux deux précédentes cohabitations à Matignon. Maintenant c'était lui, à l'Élysée, qui menait la danse. Car il était d'une certaine façon devenu Mitterrand, et son expérience passée auprès du maître tacticien de la Ve République lui servit pour mener cette longue guerre de position face à un Premier ministre socialiste intelligent mais vulnérable.

Monnaie unique, crise de la vache folle ou victoire de la France à la Coupe du monde de football, Jacques Chirac se saisit de chaque occasion pour réaffirmer son autorité et donner des coups, qui ne furent, certes, jamais mortels, mais qui affaiblirent, lentement, le camp d'en face, gagné inexorablement par l'usure du pouvoir. Tout animal politique perçoit très vite les failles de ses ennemis, mais également celles de ses amis. Et, à ce jeu, Jacques Chirac était devenu, tout au long de ces années, imbattable.

Depuis l'Élysée et aidé de ses fidèles conseillers, Jacques Chirac mena une guérilla qui paya au soir du 21 avril 2002, même si elle coûta chère à la démocratie. Car, entre-temps, les heures sombres de la mairie de Paris qui avaient précédé la conquête du pouvoir révélèrent leurs funestes nécessités, en un temps où les lois fermaient encore les yeux sur les dérives que tout homme tenté par le pouvoir est en mesure d'accepter ou, à défaut, de supporter. Feignant l'indignation, Jacques Chirac était dans le même temps devenu le premier ami d'une Amérique frappée en son cœur, et l'apôtre d'une sécurité que les Français souhaitaient plus que tout.

Arrivé en tête au premier tour, avec un maigre 19,88 %, mais suffisant pour être au second tour, Jacques Chirac apparut comme le père de la nation face au péril de cette extrême droite avec laquelle il refusa toujours de composer, alors même que nombre de ses amis politiques succombaient au chant de cette sinistre sirène. Plébiscité, il se referma sur son clan au lieu de l'ouvrir, de rassembler. Seul Nicolas Sarkozy, ministre de l'Intérieur et véritable homme fort du gouvernement de Jean-Pierre Raffarin, représenta l'héritage désormais soldé de la lutte de 1993.

Avec l'aide d'un Dominique de Villepin qui avait gagné son bâton de maréchal au Quai d'Orsay, Jacques Chirac fit résonner la voix de la France, celle de l'opposante aux guerres injustes, celle de porte-parole d'une écologie humaniste, celle, enfin, de ce monde multipolaire et respectueux des civilisations et des cultures qu'il a toujours inscrit dans son action et dans ses passions secrètes, et qui trouvèrent leur aboutissement dans le musée du quai Branly.

Passé ces moments de gloire, lentement mais sûrement s'installa l'hiver du patriarche. Ne parvenant pas à endiguer le fléau du chômage, celui qui n'avait pas compris mai 1968 ne perçut pas les grands enjeux de la crise des banlieues en 2005. C'est à ce moment, entre 2005 et 2007, qu'il devint gaullien, ressemblant à ce De Gaulle des années 1968-1969 qui, au crépuscule de sa vie, se vit dépassé par les événements de son époque, car il était resté figé dans l'Histoire qui se faisait désormais sans lui.

Son incompréhension de la crise du CPE et le rejet du traité constitutionnel pour l'Europe, le 29 mai 2005, signèrent la fin d'une époque, celle des duels Chirac-Mitterrand, de la CX, du

Bébête Show, du Concorde, de la cigarette à la télévision et de la politique à l'ancienne. Dans un ultime coup tactique, il tenta en vain d'endiguer l'inéluctable ascension de Nicolas Sarkozy, qui avait bien lu son petit Chirac illustré en occupant la scène médiatique et en prenant d'assaut, à la hussarde, le parti du Président. Lançant son dernier cavalier, Dominique de Villepin transformé en Cambronne du Waterloo chiraquien, Jacques Chirac ne put que se résoudre à voir celui qu'il avait tant aimé puis détesté faire en somme ce qu'il avait toujours fait : conquérir, encore et toujours.

A

Abandon (des promesses de campagne)

« Les promesses n'engagent que ceux qui les reçoivent. »

Le Monde, 22 février 1988,
pendant la campagne présidentielle

« La priorité, c'est la réduction des déficits. [...] Il faut prendre des mesures qui peuvent être en contradiction avec ce que l'on veut faire plus tard, de façon à rétablir les équilibres. C'est un effort à faire pendant deux ans. »

26 octobre 1995

« On fait les cadeaux avant les élections, et on décide les impôts tout de suite après. »

26 mai 1981

Abbé Pierre

« Vous êtes plus que jamais, pour les Français et pour le monde entier, celui qui refuse l'inacceptable, celui qui refuse la misère, celui qui refuse l'injustice. »

Au fondateur d'Emmaüs, 2001

ABRACADABRANTESQUE

« Aujourd'hui, on rapporte une histoire abracadabrantesque. On fait parler un homme mort il y a plus d'un an. On disserte sur des faits invraisemblables qui auraient eu lieu il y a plus de quatorze ans… »

Au sujet de la cassette posthume
de Jean-Claude Méry sur le financement occulte
du RPR, 21 septembre 2000

ABSTENTION

« L'abstention n'est pas une lâcheté. »

1992, lors du référendum
sur le traité de Maastricht

ADAPTATION

… qui vaut aussi bien pour la France que pour l'homme politique qu'il était :

« Dans un environnement qui change, il n'y a pas de plus grand risque que de rester immobile. »

1994

« Si nous voulons être un pays en paix avec lui-même, un pays qui compte dans le monde, nous devons bouger, nous devons nous adapter. »

Vœux aux Français, 31 décembre 1995

Adieu

« La France, mes chers compatriotes, je l'aime passionnément. J'ai mis tout mon cœur, toute mon énergie, toute ma force à son service, à votre service. Servir la France, servir la paix, c'est l'engagement de toute ma vie. Mes chers compatriotes, c'est avec beaucoup d'émotion que je m'adresse à vous ce soir. Pas un instant vous n'avez cessé d'habiter mon cœur et mon esprit. Pas une minute je n'ai cessé d'agir pour servir cette France magnifique. Cette France que j'aime autant que je vous aime. Cette France riche de sa jeunesse, forte de son histoire, de sa diversité, assoiffée de justice et d'envie d'agir. Cette France qui, croyez-moi, n'a pas fini d'étonner le monde.

« Vive la République ! Vive la France ! »

11 mars 2007, à la télévision,
alors qu'il annonce qu'il ne se représentera pas

Administration

« Les rapports entre l'administration et l'administré doivent laisser à chaque citoyen une maîtrise accrue de sa vie quotidienne. »

Discours d'Égletons, 3 octobre 1976

Afrique

Jacques Chirac fut un amoureux du continent africain qui le lui rendit bien, acclamé lors de chacune de ses visites officielles.

« J'aime l'Afrique, ses territoires, ses peuples, ses cultures. Je mesure ses besoins, je comprends ses aspirations. Je sais qu'elle porte en elle un dynamisme exceptionnel. J'ai confiance dans son avenir, car j'ai la conviction que l'Afrique nouvelle est en marche. »

Dernier conseil France-Afrique de Jacques Chirac,
15 février 2007

« Après avoir volé leur culture, on a volé leurs ressources, leurs matières premières, en se servant de la main-d'œuvre locale. On leur a tout piqué, et on a répété qu'ils n'étaient bons à rien... »

2007

« Injustement marginalisée, l'Afrique est le continent indispensable de la mondialisation. Bien sûr, sans les savoirs de l'Afrique, sans ses cultures, sans ses rythmes, sans son énergie, sans son sens de la solidarité et de la fraternité, notre monde serait mutilé. Pas plus que vous, je ne suis prêt à l'envisager. Comme vous, j'ai foi en l'Afrique et son développement. Ce continent magnifique a payé un très lourd tribut à l'Histoire. Il doit de ce fait surmonter des difficultés immenses. Mais il est riche, riche de ses hommes, de ses cultures, de ses ressources naturelles. »

Première réunion du Forum
pour le partenariat avec l'Afrique,
novembre 2003

ÂGE (DU CAPITAINE)

« J'ai fait des propositions que je croyais utiles, sur la sécurité, la santé, l'économie, l'emploi, l'environnement, et j'attends les propositions des autres candidats, et notamment celle de Lionel Jospin. Et qu'est-ce que j'entends ? Des propos sur le physique, le mental, la santé… C'est tout de même un peu curieux, une technique qui s'apparente un peu au délit d'opinion, presque au délit de sale gueule, si j'ose dire… »

En réponse aux propos sur son âge tenus en *off*
par le Premier ministre Lionel Jospin,
11 mars 2002

AGRICULTEURS, AGRICULTURE

Jacques Chirac fut ministre de l'Agriculture entre 1972 et 1974 (gouvernement Messmer). Il excella à ce poste, gagnant même le surnom de meilleur ministre de l'Agriculture depuis Sully. Lui-même le reconnut : « C'est même le moment le plus heureux de ma carrière ! »

Il passa de nombreuses heures au Salon de l'agriculture à, selon ses mots, « tâter le cul des vaches ».

Pendant longtemps, il a détenu le record de temps passé sur ce Salon, et seul Alain Madelin fit finalement mieux. Il ne manqua pas une occasion d'y exercer son sens de la repartie. Ainsi, un jour qu'un individu le traitait de « connard », le président de la République lui répondit : « Enchanté, moi c'est Chirac !... »

« Les agriculteurs emploient un langage que je comprends, et ils me comprennent. »

1993

« Je dirais que ces agriculteurs sont des "jardiniers" du pays. Le berger avec son troupeau dans sa montagne cultive un morceau du pays. S'il s'en va à la ville, on désertifie un morceau de France, il faudra payer des gens pour s'occuper de cette montagne, et il faudra le payer, lui, comme chômeur à la ville. »

1983

« Je suis venu vous dire aujourd'hui ma conviction : l'agriculture est au cœur des défis du siècle. Le défi alimentaire, le défi écologique, le défi de la puissance économique, et donc politique, dans le monde. »

XVe Sommet de l'élevage,
5 octobre 2006

« Le plus grand défi du monde moderne est de savoir comment on nourrira les gens. »

2007

« C'est la faute des eurocrates, si on décide de payer les paysans à ne rien faire pendant que des hommes meurent de faim. »

1992

Algérie

Ayant effectué en 1956-1957 son service militaire en Algérie en tant que sous-lieutenant, Jacques Chirac fut un partisan de l'Algérie française. Ce qui ne l'empêcha pas de comprendre la décision du général de Gaulle de se séparer de l'Algérie.

« Il a à l'évidence compris que l'intérêt de la France était qu'on rende son indépendance à l'Algérie, moralement, politiquement, matériellement et financièrement. »

2007

Ambassadeur (et ses soirées)

« Portez des couleurs plus vives, faites-vous sponsoriser par les grands couturiers, soyez bronzés, n'ayez pas l'air de cadavres. »

À une réunion d'ambassadeurs

Ambition

Comme tout homme politique, il fut un ambitieux…

« J'ai l'ambition de bien faire là où je suis placé par le destin. »

Alors qu'il faisait ses premiers pas en politique

… tout en condamnant celle des autres.

« La chair est faible : l'attrait des portefeuilles sera le plus fort. »

1992

Amitié

« L'amitié entre deux êtres humains, entre deux collectivités, entre deux pays, est toujours un progrès. »

19 novembre 2004

« Les amitiés entre nations se forgent dans le creuset de leur histoire commune. Elles se nourrissent de visions, d'idéaux communs, de sacrifices partagés. Elles mûrissent au gré de souvenirs, d'ombres, de lumières, de combats menés côte à côte, et parfois les unes contre les autres. Ces amitiés doivent aussi beaucoup aux hommes d'exception qui les ont marquées, qui les ont vécues, qui les ont rêvées. »

Inauguration de la place Mohammed-V à Paris,
20 décembre 2002

« Ce que l'Allemagne et la France ont vécu et subi dans l'Histoire ne ressemble à rien d'autre. Mieux qu'aucune nation, elles saisissent le sens profond de la paix et du projet européen. Elles seules, en forçant le cours des choses, pouvaient, en Europe, lancer le signal du rassemblement. Ensemble, au rythme de leurs retrouvailles et de la volonté de leurs peuples, elles ont fait progresser l'idée européenne. »

À la tribune du Bundestag,
27 juin 2000

« Et je le dis ici, sur cette terre à jamais marquée par l'atrocité de la guerre et la souffrance des hommes : aujourd'hui, à Verdun, ce ne sont pas des mémoires ennemies que nous commémorons. La réconciliation entre nos deux pays est une chose acquise. Nous devons à tous nos morts de nous mobiliser plus que jamais pour faire avancer une Europe de paix, de sécurité, de prospérité, de justice et de solidarité. Aujourd'hui, nous pouvons le dire avec la confiance qu'autorise l'amitié : plus jamais ça ! »

À l'occasion du 90e anniversaire de la bataille de Verdun,
25 juin 2006

Anniversaire

« Je ne suis pas un homme d'anniversaires. De temps en temps, on fête le mien. Pas toujours... »

Le Monde, 7 mai 2005

« Les anniversaires ne valent que s'ils constituent des ponts jetés vers l'avenir. »

À l'Unesco,
discours pour le 50e anniversaire de la Déclaration
des droits de l'homme,
7 décembre 1998

Apartheid

« Les dirigeants de l'Afrique du Sud voulaient nous faire croire que l'apartheid était normal, ou n'existait pas. J'ai déclaré officiellement, et de la manière la plus claire, *urbi et orbi*, que je n'y mettrais pas les pieds tant que l'apartheid existerait. »

2007

Archéologues

« Vous êtes les gardiens, mais aussi les interprètes et les passeurs de notre identité, de notre mémoire et du patrimoine commun de l'humanité. »

14 janvier 2005

Argent

« Si vous interrogez les gens qui me connaissent, vous n'en trouverez jamais qui disent que je suis un homme d'argent. Ou qui disent que je pourrais transiger avec l'honnêteté. »

14 décembre 2000

Arguments (de campagne)

Jacques Chirac fut un animal de campagne. On lui reprocha d'ailleurs d'être souvent plus préoccupé de la conquête du pouvoir que de son exercice. Il usa de tous les arguments possibles. Par exemple, battant la campagne pour le « oui » au référendum sur le traité de Maastricht, il interpella une électrice...

« Vous avez le droit de voter comme vous voulez, à condition que ce soit pour le oui ! »

1992

Art

« Tous les chefs-d'œuvre naissent libres et égaux. »

2007, alors qu'il contemplait de l'art précolombien

Assad (Hafez el-)

« L'homme n'a rien de chaleureux. Le moindre geste paraît procéder chez lui d'un calcul minutieux et longuement prémédité. »

Mémoires II – Le Temps présidentiel, 2011

Attentat

« Mais non, je n'ai pas eu peur. J'ai cru que c'était un pétard ! »

Alors qu'il venait d'échapper à une tentative d'attentat,
14 juillet 2002

Auto-moto (métaphore)

« Il faut agir assez vite, pour que personne ne puisse pisser sur les roues de ma voiture ! »

1975

« Il ne faut pas laisser les chiens pisser sur les pneus des voitures. »

1976

Autoritarisme

« L'autoritarisme est le masque de la faiblesse. »

Discours d'Égletons, 3 octobre 1976

« La démocratie est porteuse de paix ; l'autoritarisme, sous une forme ou sous une autre, est porteur de guerre. »

19 novembre 2004

« Une société où il y a un seul puissant est toujours une société dangereuse et qui provoque des réactions. »

Time Magazine, 16 février 2003

Avenir (un monde meilleur)

« J'ai la conviction que notre génération saura créer les institutions et les règles d'une démocratie planétaire ouverte et solidaire. »

Sommet d'Évian,
21 mai 2003

Avortement

« Il s'agissait moins, à mes yeux, d'une affaire de convictions que d'une nécessité. »

Jacques Chirac fut le Premier ministre
de la loi Veil du 17 janvier 1975
relative à l'interruption volontaire de grossesse

B

Bains de foule

Jacques Chirac, au grand dam de son service de sécurité, était très friand des bains de foule.

« Le contact humain est le véhicule essentiel de la démocratie. »

Rio de Janeiro,
29 juin 1999

« Pour bien comprendre les gens, je dois les toucher au sens physique du mot. »

Balkans

« Tous ces gens des Balkans sont tellement pervers qu'il faut taper. C'est la seule solution. »

À l'issue du conflit
en ex-Yougoslavie, septembre 1995

Balladur (Édouard)

Avec Édouard Balladur, ce fut la fameuse amitié de trente ans qui commença auprès de Georges Pompidou (et qui finit où l'on sait)…

Échaudé par la première cohabitation, entre 1986-1988, Jacques Chirac souhaita qu'Édouard Balladur devienne Premier ministre en 1993, se réservant pour l'élection présidentielle de 1995. Mais celui-ci décida de se présenter contre Jacques Chirac qui, devenu président de la République en 1995, n'aura de cesse de se venger de son ancien ami et de distiller ses philippiques.

« Ce qui m'inspirait confiance, chez Édouard Balladur, malgré un excès d'orgueil et de certitude, c'était sa profonde intelligence, sa culture, et ce que je croyais être sa loyauté envers moi. »

Mémoires I – Chaque pas doit être un but, 2009

« J'ai été naïf sur Balladur. Balladur n'aime pas se battre. Lui et Delors aimeraient être nommés. Balladur a tout reçu du destin. Il n'a rien conquis. »

1994

« Ce type, c'est quand même un remède contre l'amour, non ? »

« Cet homme a beaucoup de qualités. Mais il en est une dont il a toujours manqué : c'est le courage. »

1er avril 1994

« La grande force d'Édouard, c'est le génie de la paresse et de son petit confort personnel. Il se lève tranquillement, jette un vague coup d'œil aux journaux, ne lit jamais un dossier, ne reçoit jamais un emmerdeur, mange un filet de sole avec un verre d'Évian – c'est le régime Giscard –, papote avec deux ou trois collaborateurs et, à 8 heures sonnantes, rentre chez lui pour dîner avec sa femme et se mettre au lit dans son lit douillet avec *Connaissance des Arts* ou *La Gazette de l'hôtel Drouot.* »

« Sceptique par nature et libéral par conviction, Édouard Balladur est un calculateur froid, qui répugne aux emballements et aux coups d'éclat. »

Mémoires I – Chaque pas doit être un but, 2009

« C'est comme la poterie ancienne, il supporte les décorations, mais pas le feu. »

1995

BANLIEUES

« Les quartiers en difficulté réunissent un Français sur dix, six millions de personnes. Un habitant sur trois y a moins de vingt ans. C'est une jeunesse que nous n'avons pas le droit de décevoir. Une jeunesse que nous ne pouvons pas abandonner à elle-même. La jeunesse, c'est l'aspiration à la réussite, c'est la soif de justice, c'est le besoin de montrer ce que l'on vaut. Nous devons l'écouter, l'encourager dans ses efforts et l'aider à concrétiser ses espérances. »

Valenciennes (ville de Jean-Louis Borloo qui fut son ministre de la Ville),
1er octobre 2003

« Ne laissons pas la pauvreté, l'exclusion, le relâchement des liens civiques défaire ce que deux siècles, et bien davantage encore, d'efforts des Français ont bâti pas à pas. Le chemin vers la France de demain, vers une République confiante et fraternelle, passe aujourd'hui, c'est un fait, par les cités. »

Valenciennes, 21 octobre 2003

« L'adhésion à la loi et aux valeurs de la République passe nécessairement par la justice, la fraternité, la générosité. C'est ce qui fait que l'on appartient à une communauté nationale. C'est dans les mots et les regards, avec le cœur et dans les faits, que se marque le respect auquel chacun a droit. Et je veux dire aux enfants des quartiers difficiles, quelles que soient leurs origines, qu'ils sont tous les filles et les fils de la République. »

Lors de la crise des banlieues qui conduisit à la mise en place de l'état d'urgence,
novembre 2005

Barons

« Les Français en ont marre de ces quinze types qui ont fait un hold-up sur l'État. »

Alors que, sitôt désigné Premier ministre,
Chirac se lance à l'assaut d'une UDR
tenue par des barons,
mai 1974

Barre (Raymond)

« Barre a un défaut : il manque de caractère. Il n'a jamais su dire non à Giscard. »

1976

Bayrou (François)

« Qu'est-ce que tu as toujours à nous faire chier avec les idées ? »

À François Bayrou qui fut son ministre
de l'Éducation nationale, 2002

Bernadette

« Ma femme est un homme politique. »

1996

« Vous n'y pensez pas ? C'est ridicule, vous allez vous attirer des ennuis. Vous serez fessée en place publique ! »

À sa femme qui voulait s'inscrire à l'université, 1968

Bière

« Bien sûr que je suis de gauche ! Je mange de la choucroute et je bois de la bière. »

Libération, 17 février 1995

« J'aime le bon vin, je n'abuse pas. Mais la bière a un avantage, c'est que cela désaltère. Vous comprenez désaltérer ? Cela coupe la soif, et il n'y a pas trop d'alcool dedans, beaucoup moins que dans le vin. Alors on peut boire davantage… »

Mladá Fronta Dnes, 3 avril 1997

« J'ai changé de bière. Je suis passé de la Corona à la Kronenbourg 1664. »

À un journaliste qui lui demandait s'il avait le sentiment d'avoir changé depuis son élection, 1995

Boire (en politique)

« Pour éviter de boire trop, j'ai une technique formidable : on porte son verre à ses lèvres, on le repose, et on reprend le verre vide d'un autre. »

1987

Bouddhisme

« Les vertus propres du bouddhisme engagent l'homme à chercher la réalité ineffable derrière les apparences, qui le conduisent par la pratique de la sagesse, de la douceur, de la piété vers un dépassement libérateur. »

Inauguration du Centre bouddhique, Paris,
28 octobre 1977

BUDGET (SECRÉTAIRE D'ÉTAT)

« Je suis payé pour contrôler, je contrôle. »

Alors qu'il est secrétaire d'État au Budget
(1968-1971)

C

Cabinets

« Les cabinets ont ceci de commun – quelle que soit leur appartenance politique – qu'ils se confèrent de l'importance. Ils consacrent à ce souci une part non négligeable de leur temps. Sachant qu'on peut, presque à tout instant, intéresser le président de la République à une affaire d'actualité, ils tachent d'appeler le maximum de dossiers, de les porter ensuite au niveau suprême, ou en tout cas de laisser entendre qu'ils s'y trouvent et de leur fait. »

1983

Cadeaux

« Il parlait très bien de toutes sortes de choses, je lui ai offert une montre à double cadran, et il m'a en retour offert deux petits éléphants qui ne présentent guère d'intérêt. Je les ai remis là parce qu'il est venu me rendre visite la semaine dernière... »

À l'occasion de la visite à l'Élysée d'un ministre de la Culture indien, 2006

« Quand j'étais petit et que j'allais chez ma grand-mère à Sainte-Féréole, elle me promettait une surprise et un cadeau. La surprise, avec Giscard, c'est qu'il n'y a pas eu de cadeau. »

1976

CAMPAGNE

« Une campagne présidentielle, c'est un précipité chimique qui, d'un coup, se crée. »

26 octobre 1994

CASSE-CROÛTE

« J'apprécie beaucoup plus le pain, le pâté, le saucisson, que les limitations de vitesse. »

1er août 1977

CENTRE

« Les centristes, c'est comme le PSU ; dès qu'ils sont trois, ils font une scission. »

Sous la présidence de Georges Pompidou (1969-1974)

« Nous n'avons pas de leçon à recevoir de ceux qui parlent du changement comme des vieillards parlent des petites filles. »

1978

« On ne lui voit plus guère d'existence, sinon sous forme de vocations individuelles aux combinaisons multiples. »

La Lueur de l'espérance, 1978

CHABAN-DELMAS (JACQUES)

« Chaban n'est pas le meilleur. Il fera une erreur par jour. »

Alors que Jacques Chaban-Delmas est candidat à l'élection présidentielle, avril 1974

CHANGEMENT (CE N'EST PAS MAINTENANT)

« Je mettrai en œuvre le changement, un changement dont on n'a pas idée. Tout le reste, c'est du ratiocinage et du saucissonnage de cheveux. Bref, de la connerie de journaliste. »

1995

« Le changement est la loi de la vie humaine, il ne faut pas en avoir peur. »

La France pour tous, 1995

« Le changement est d'abord un état d'esprit. »

« Comme les voix, il faut aller chercher le changement avec les dents. »

1995

Chasse

« Je suis un anti-chasseur. Mais je vous comprends : si un lièvre vous attaque, il faut bien que vous vous défendiez. »

1994

Chef

« Un chef, c'est fait pour cheffer. »

1992

« Un chef qui se veut rassembleur doit savoir parfois ne pas suivre ses troupes. »

1992, à l'occasion du référendum sur le traité de Maastricht

Chine

« Pour un Européen façonné par une histoire faite de ruptures et de diversité, la Chine incarne la plus remarquable continuité culturelle. "Un État plus vieux que l'Histoire", pour reprendre le mot du général de Gaulle. »

Shanghai, 18 mai 1997

Choux farcis

« Le moindre secrétaire d'État aux Choux farcis a droit à deux motards avec sirène et tout le toutim. Il n'y a qu'en France qu'on voit ça. Moi, je serai le premier Président modeste. »

1994

Clan

« J'ai besoin d'un environnement, j'ai besoin d'avoir des amis autour de moi, j'ai besoin de relations humaines, j'ai besoin de la chaleur des contacts, j'ai besoin de me retrouver dans mon pays et de voir des gens en qui j'ai confiance, que je comprends et que j'aime. »

1983

« Il est plus doux d'être guidé, de recevoir l'impulsion et l'élan, de se reposer sur l'expérience, la confiance et l'amitié. »

Mémoires I – Chaque pas doit être un but, 2009

Clinton (Bill)

« Ses façons d'être peuvent sembler parfois désinvoltes, mais ses dons de séduction se révèlent éclatants. »

Mémoires II – Le Temps présidentiel, 2011

Cochin (appel de)

Blessé lors d'un accident de la route en Corrèze, Jacques Chirac prononça depuis l'hôpital Cochin, à Paris, un violent réquisitoire contre l'Europe…

« Comme toujours lorsqu'il s'agit du rabaissement de la France, le parti de l'étranger est à l'œuvre avec sa voix paisible et rassurante. Français, ne l'écoutez pas, c'est l'engourdissement qui précède la mort. Comme toujours quand il s'agit de l'honneur de la France, partout des hommes vont se lever pour combattre les partisans du renoncement et les auxiliaires de la décadence. »

Novembre 1978

COHABITATION

« Quand il y a cohabitation, il faut beaucoup de sang-froid et de respect de part et d'autre. Je peux vous le dire, comme Président et comme ancien Premier ministre. »

Le Monde, 7 mai 2005

« Je suis sur le cul : je viens de menacer Mitterrand de démissionner, et il s'en fout ! »

Lors de la crise politique à propos des privatisations,
Juillet 1986

« Ce n'est pas la fusion, mais ce n'est pas non plus la fission. »

À propos de la cohabitation avec Lionel Jospin,
Mémoires II – Le Temps présidentiel, 2011

COLLABORATEURS (BIEN S'ENTOURER DE)

« Si on a pris le soin de bien s'entourer, le collaborateur responsable prend quatre-vingt-dix-neuf fois sur cent la décision que vous auriez souhaitée, voire, de temps à autre, une décision meilleure. »

Mémoires I – Chaque pas doit être un but, 2009

« Y a des tas de types qui prétendent avoir des idées, et qui, parfois, en ont. »

« Il y a plus d'idées dans deux têtes que dans une. »

1998

Combat

« Lorsque j'engage un combat, il ne me vient pas à l'idée que je puisse le perdre. »

L'Express, 13 février 1978

« Il n'y a que les combats qu'on ne mène pas qui ne sont pas gagnés. »

À Pompidou lorsqu'il décide
de se présenter en Corrèze
aux élections législatives, 1967

« J'ai tout de suite senti l'odeur de la poudre, et c'est une odeur qui me revigore. Soudain, j'étais comme un cheval qu'on a cinglé. »

1990

Communisme

Jacques Chirac jeune fut un temps tenté par le communisme, et vendit même L'Humanité, *place Saint-Sulpice à Paris, avant de s'en détourner. Plus tard, il n'eut de cesse de critiquer les communistes et leur alliance avec le Parti socialiste de François Mitterrand.*

« Au départ, quand j'étais jeune, j'étais plutôt porté vers la gauche... »

2007

« Obéir sans discussion dans le cadre d'une pensée qu'on vous impose, c'était excessif. »

1983

« Un communiste reste avant tout communiste, et c'est ce qui fait sa caractéristique, et c'est ce qui fait qu'il n'est pas, à cet égard, un homme comme les autres. Il faut savoir qu'un haut fonctionnaire ou qu'un ministre communiste est communiste avant d'être haut fonctionnaire ou d'être ministre, et qu'il y a lourd à parier que, le jour où il recevra un ordre de son ministre ou de son Premier ministre et un autre ordre du parti qui serait différent, c'est au parti qu'il obéira. »

Lors de l'entrée de ministres communistes
dans le gouvernement de Pierre Mauroy, 1981

« Il n'y a pas de cas où les communistes arrivés au pouvoir l'aient abandonné de leur plein gré. »

Alors qu'il vient de démissionner de son poste
de Premier ministre, 1976

Confiance

« Imaginez que vous portiez un pull-over dont les députés tiennent un fil. Maille après maille, rang après rang, c'est vous qui allez être dénudé. »

Mai 1972, au président Pompidou à propos de la question de confiance que le Premier ministre Chaban-Delmas affronta à l'Assemblée nationale

Consensus

« À force d'arrondir les angles, on ne sait plus où l'on en est. »

1993

Constitution

« La Constitution, c'est un costume sur mesure, ce n'est pas quelque chose que l'on emprunte. »

14 juillet 1999

Contrôle

« Tout chez lui me paraît sous contrôle, comme chez quelqu'un qui aurait appris à se méfier de lui-même. »

À propos de George W. Bush,
Mémoires II – Le Temps présidentiel, 2011

Convictions (en avoir ou pas)

« Aujourd'hui, chacun voit le soleil à sa fenêtre. Les convictions varient en fonction des intérêts et du climat général. »

1985

« On ne peut raisonnablement pas ne pas estimer un homme qui agit par conviction et qui le fait conformément aux critères de sa propre morale. »

1972

« Être capable de conduire une politique ne veut pas dire qu'il faut tout oublier ; notamment ceux qui ont une propension à vaciller en fonction des courants d'air. Dans les moments difficiles, il vaut mieux avoir des gens de conviction que des gens qui flottent. »

« Quand j'avais vingt ans, j'avais un certain nombre de convictions et, au fond, je ne suis pas sûr qu'elles aient beaucoup changé. Je crois même qu'elles sont profondément restées les mêmes. »

2006

CORRÈZE

La Corrèze fut la terre d'élection de Jacques Chirac à partir de 1967. Originaire de ce département, il en fut le député et ne manqua pas d'en faire la promotion !

« C'est loin, mais c'est beau… »

2002

« On m'a dit que j'ai beaucoup arrosé. Mais, *primo*, c'était indispensable, car la Corrèze était un désert. Et, *secundo*, c'est un pays que j'aime. »

1976

Coups (bas)

« Les coups bas ne servent à rien. Il faut convaincre, et non s'amuser devant les médias. »

Le Figaro, 16 juin 1990

« J'ai laissé ma première peau aux ronces du chemin, j'ai maintenant une peau de pachyderme. J'ai saigné, souffert, eu mal, enduré. Il a fallu que je me protège. »

Cour

« Le phénomène de cour est inhérent au fonctionnement des entourages. C'est un mal inévitable, qui peut devenir fatal si l'on ne dispose pas de solides contre-feux pour en limiter les effets. »

Mémoires II – Le Temps présidentiel, 2011

Courage

Le courage n'a jamais manqué à Jacques Chirac, surtout lorsqu'il s'est agi de « tuer » politiquement Chaban, Giscard – ou de dire non à la guerre en Irak.

« Le courage, c'est de ne pas avoir peur. »

« La machine France ne fonctionne plus. [...] Je suis venu vous dire qu'il est temps de renoncer au renoncement ! »

En pleine campagne présidentielle, 1995

Crise(s)

« Les crises sont des choses qui arrivent régulièrement. Le grand avantage, c'est qu'en général on en sort renforcé. »

3 mai 1998

« On nous explique, en somme, que les Français, et non leurs gouvernants, seraient les premiers responsables de la crise, puisqu'ils seraient rétifs au changement. Et d'énumérer complaisamment les blocages, les habitudes qui font obstacle à la réforme et qu'on décrète insurmontables. Ce serait donc la faute des Français si le chômage nous conduit dans une voie sans issue. »

17 février 1995

« Ces périodes difficiles, comme en 1968, je les aime : ça révèle les trouillards. »

1995

Crocodile (métaphore du)

« Je m'en tape le coquillard avec une patte d'alligator femelle. »

1983

« Il n'y a pas de place pour deux crocodiles mâles dans le même marigot. »

1977

Crottes de chien

« Le problème de la pollution canine, c'est à la fois un problème de discipline et un problème de moyens. »

30 Millions d'amis, 8 octobre 1977, alors qu'il instaure, en tant que maire, les « motocrottes » dans Paris

Culture

Malgré l'image populaire et franchouillarde qu'il donnait de lui, Jacques Chirac était un homme politique cultivé. Il n'était pas rare de le surprendre à l'Assemblée nationale avec un ouvrage sur les civilisations antiques, ou de l'entendre discourir en privé sur la Chine médiévale. Pendant longtemps, on a pensé que Jacques Chirac était inculte. En fait, il a entretenu cette illusion…

« Je n'ai rien fait pour la changer parce que je me disais : au moins, on me fout la paix, j'ai mon domaine personnel et ce n'est pas la peine que les journalistes, pour des raisons politiques, viennent mettre leurs grands pieds dans mon jardin privé… »

2007

« La culture n'est pas une marchandise. Les peuples veulent échanger leurs biens, mais ils veulent garder leur âme. »

29 novembre 1999

« On ne peut pas avoir une approche de l'art si on n'a pas une vision générale du monde, et c'est la raison pour laquelle je suis généralement allergique aux gens qui estiment qu'ils ont seuls la beauté et le droit en partage. »

2007

« Toutes les cultures ne se développent pas au même rythme. Elles connaissent des apogées et des déclins, des périodes de rayonnement et d'expansion, comme des temps de silence et de repli. Pour autant, toutes continuent à vivre au présent dans notre mémoire collective. Elles construisent nos identités, nos raisons d'être. »

À l'Unesco, 15 octobre 2001

CYNISME

« Je ne suis pas assez hypocrite ni assez calculateur pour devenir un homme politique de haut niveau. »

1988

« À qui dois-je quelque chose ? »

D

DÉCISION

« J'ai compris que d'une décision ou d'une indécision au sommet pouvait dépendre – directement – l'anéantissement d'une force et le déclin d'un destin national. »

À propos du sabordage de la flotte française
dans le port de Toulon en 1942,
premier souvenir historique de Jacques Chirac,
alors âgé de 10 ans,
1983

DÉCLIN

« C'est le déclin quand l'homme se dit "Que va-t-il se passer ?", au lieu de dire "Que vais-je faire ?" »

Une nouvelle France, 1994

Défaite(s)

« Des défaites électorales, j'en ai connu beaucoup. Le tout est de savoir les surmonter. »

2006

« En politique, on ne construit pas une victoire sur la défaite de son propre camp. »

1981

Et pourtant...

Défense

Proche de Marcel Dassault, le père de l'aéronautique française, Jacques Chirac a toujours soutenu l'industrie de la défense française.

« On ne peut pas, quand on est un grand pays, acheter des avions américains à l'étagère. »

1996

« Il vaut mieux être à l'intérieur pour peser sur la réforme, que de geindre derrière la porte. »

À propos de l'Otan, 1996

Delors (Jacques)

« Delors s'excuse d'être français. Il faudra se débarrasser de lui [à la tête de la présidence de la Commission européenne]. »

1992

« Delors, combien d'électeurs ?... Je pose la question comme pour le pape : combien de divisions ? »

Pendant la campagne du référendum de Maastricht, 1992

Démission

« Un homme politique ne démissionne pas. Ce ne peut être qu'une révocation. Ceux qui disent qu'il faut partir n'ont pas compris le gaullisme. En politique, rien n'est pire que de lâcher prise. En revanche, si l'on se trouve dans une situation où l'on n'est pas à même d'exercer ses responsabilités, alors on est foutu dehors. »

23 juin 1976

Deux mois plus tard, le 25 août, Jacques Chirac convoqua une conférence de presse pour annoncer sa démission au poste de Premier ministre...

« Je ne dispose pas des moyens que j'estime aujourd'hui nécessaires pour assumer efficacement mes fonctions de Premier ministre et, dans ces conditions, j'ai décidé d'y mettre fin. »

25 août 1976

Démocratie

« Les démocraties sont lentes à la colère ; elles préfèrent la paix à la guerre, elles débattent avant d'agir. Mais l'histoire démontre que, lorsqu'elles sont attaquées dans ce qu'elles ont de plus précieux, leur liberté et leur sécurité, elles sont plus combatives et plus efficaces, car le peuple souverain se bat toujours mieux que le peuple soumis. »

Septembre 2003

« La démocratie appartient à chaque Français, et chacun en est également responsable, vis-à-vis de lui-même et vis-à-vis des autres. »

2000

« Si la France veut rester une grande démocratie, elle doit lancer la révolution de la démocratie locale et construire la République des proximités. »

Rouen, 10 avril 2002

« Certains pays ont des partis uniques et sont d'authentiques démocraties. Personne ne peut dire que la Côte d'Ivoire ou le Gabon sont moins démocratiques que le Sénégal ou la France. »

1989

Jacques Chirac eut aussi des conceptions surprenantes de la démocratie...

DÉRAPAGE

« Tout à coup, vous dérapez dans la fureur concentrée. »

À François Mitterrand, lors du débat télévisé qui les oppose pour la présidentielle, 24 avril 1998

Dialogue

« Chacun de nous a soif de considération, d'explications. Et c'est vrai que nous avons moins que d'autres l'habitude de la concertation. C'est tous ensemble que nous devons retrouver les voies du dialogue. »

Vœux aux Français, 31 décembre 1995

« Je veux une société de dialogue et de confiance. »

Rennes, 23 avril 2002

« On vit dans un monde où on est toujours à deux doigts de se taper sur la gueule… Mieux on pourra dialoguer, plus on évitera les affrontements inutiles. »

2007

Discipline

« J'aime la discipline. Je l'ai apprise à l'armée et à la Cour des comptes. »

1983

« Par nature, je suis quelqu'un de discipliné, tout prêt à obéir à une autorité supérieure. Cela à deux réserves près : me sentir tout à fait en confiance avec elle, et estimer que les objectifs définis sont conformes à ceux que j'estime souhaitables. »

1983

DISSOLUTION (RATÉE)

Jacques Chirac restera dans l'histoire de la Ve République comme le Président qui perdit sa majorité après une dissolution ratée.

« Après consultation du Premier ministre, du président du Sénat et du président de l'Assemblée nationale, j'ai décidé de dissoudre l'Assemblée nationale... »

21 avril 1997

« La dissolution, ça me connaît, je suis un expert. »

En Conseil des ministres, 18 décembre 1997

« Il faut avoir des principes si l'on veut gouverner sainement une démocratie. La dissolution n'a jamais été faite dans notre Constitution pour la convenance du président de la République. Elle a été faite pour trancher une crise politique. Il n'y a pas aujourd'hui, il n'y avait pas au lendemain de mon élection, une crise politique. Donc la dissolution aurait été – permettez-moi le terme – une sorte de "combine" tout à fait contraire à l'esprit de nos institutions. »

14 juillet 1996

Neuf mois plus tard, la crise sera là... Et Jacques Chirac dissout.

Drogue

« Les routes de la drogue croisent les malheurs de l'homme : la détresse, la maladie, la misère, le crime. Les explorer, [...] c'est plonger au cœur des sociétés humaines, c'est en saisir les fantasmes, les vices et les faiblesses. »

Cérémonie d'ouverture de la Conférence internationale sur les routes de la drogue, alors que la guerre en Afghanistan, grand pourvoyeur de drogue, fait rage,
22 mai 2003

Droits de l'homme

« Les droits de l'homme ne valent que parce qu'ils sont universels. »

150e anniversaire de l'abolition de l'esclavage,
23 avril 1998

Duel

Le débat télévisé du second tour de l'élection présidentielle de 1988 qui opposa François Mitterrand et Jacques Chirac vit l'une des passes d'armes les plus célèbres de la Ve République au sujet de l'affaire Gordji, du nom de ce traducteur de l'ambassade d'Iran impliqué dans une série d'attentats.

« Pouvez-vous vraiment contester ma version des choses en me regardant dans les yeux ? » lance Jacques Chirac.

« Dans les yeux, je la conteste ! » rétorque Mitterrand.

« Ce soir, je ne suis pas le Premier ministre, et vous n'êtes pas le président de la République, nous sommes deux candidats... Vous me permettrez donc de vous appeler monsieur Mitterrand. »

Réponse de ce dernier : « Mais vous avez tout à fait raison, monsieur le Premier ministre. »

24 avril 1988

E

École

« La véritable démocratisation de l'école est celle qui donne à chaque enfant le maximum de chances. »

Orléans, 21 mars 1981

« En matière d'éducation, on fabrique des illettrés, donc des exclus. »

1994

« Ce n'est pas dans la nostalgie que l'école construira son avenir. »

Débat national sur l'avenir de l'école,
20 novembre 2003

Malgré ces nobles considérations, Jacques Chirac pensait également que…

« Refuser la banalisation de la violence, c'est enfin éloigner les quelques élèves qui empêchent une classe de travailler, ou parfois même perturbent gravement la vie d'un établissement. »

Cérémonie de sortie des gardiens de la paix de la 197e promotion de l'École nationale de police de Nîmes,
8 novembre 2004

« On attend tout de l'école, ce qui est le plus sûr moyen de ne rien obtenir d'elle. »

Une nouvelle France, 1994

« Je n'en suis pas moins attaché, en ce qui me concerne, à la préservation des établissements privés et, plus encore, à la liberté des familles en matière d'éducation. »

Mémoires I – Chaque pas doit être un but, 2009

« L'université doit rester un lieu d'excellence et la voie d'une vraie réussite sociale. »

Déclaration sur la promulgation de la loi sur l'égalité des chances, 31 mars 2006

Écologie

« L'écologie moderne ne refuse pas le progrès. En veillant à la préservation de nos ressources naturelles, elle veut au contraire assurer un progrès continu et durable de la qualité de la vie. »

Premières assises de la Charte de l'environnement,
29 janvier 2003

« Notre maison brûle, et nous regardons ailleurs. La nature, mutilée, surexploitée, ne parvient plus à se reconstituer, et nous refusons de l'admettre. L'humanité souffre. Elle souffre de mal-développement, au Nord comme au Sud, et nous sommes indifférents. La Terre et l'humanité sont en péril, et nous en sommes tous responsables. [...] Nous ne pourrons pas dire que nous ne savions pas ! Prenons garde que le XXIe siècle ne devienne pas, pour les générations futures, celui d'un crime de l'humanité contre la vie. »

Discours de Johannesburg, 2 septembre 2002

« Le temps n'est plus aux demi-mesures : le temps est à la révolution au sens authentique du terme. »

Appel de Paris en faveur d'une organisation mondiale de l'Environnement, février 2007

ÉCONOMIE

Jacques Chirac a eu, durant sa carrière politique, des positions économiques extrêmement fluctuantes...

« Nous voulons une société dynamique et prospère, c'est-à-dire capable de produire des quantités de biens et de richesses en régulière augmentation. »

Discours de Nice, 15 juin 1975

« L'ennemi n'est pas le capitalisme, et ce n'est pas d'avantage le socialisme ; c'est le gigantisme, aussi bien celui des monopoles dits privés que celui des économies étatistes tentaculaires et bureaucratisés. »

Revue des Deux Mondes, octobre 1976

ÉGALITÉ DES CHANCES

« Il n'est pas acceptable que le progrès économique ne profite pas à tous. Il n'est pas acceptable que, dans un pays doté d'une tradition de service public, certains quartiers tombent en friche. Il n'est pas acceptable que des enfants aient peur d'aller à l'école parce qu'ils risquent d'être victimes de violences ou d'actes antisémites. Il n'est pas acceptable, dans un État de droit, que des demandes d'emploi passent à la corbeille en raison des origines maghrébines ou du lieu de vie du demandeur. Il n'est pas acceptable que l'insécurité s'impose dans certaines zones, que les valeurs de laïcité et de respect de la femme y soient bafouées. Il n'est pas acceptable, en République, que l'égalité des chances ne soit pas une réalité partagée, ressentie et vécue par tous. »

Valenciennes, 21 octobre 2003

ÉLECTION

« Il faut voter avec son intelligence, et non avec ses tripes. »

Le Monde, 20 mai 1984

« Dans une élection, il faut aller chercher les électeurs avec les dents. »

L'Express, 13 février 1978

Alors qu'il est dans l'opposition, Jacques Chirac compare l'élection présidentielle à la pleine lune et aux effets qu'elle produit sur les hommes...

« La pleine lune est une période bizarre où tout le monde pète les plombs. Les commissariats se remplissent alors de dingues qui se prennent pour Jeanne d'Arc ou Napoléon Bonaparte. Y en a même qui prétendent marcher sur l'eau.

« L'opposition vit sa pleine lune. »

1990

ÉLITES

« Le parisianisme est une maladie qui permet de raconter n'importe quoi avec l'autorité de la suffisance. »

1995

« L'unité française doit être un mouvement authentique venu du tréfonds de notre peuple. Ce ne peut-être le mariage entre la carpe et le lapin célébré à la va-vite dans quelque secrétariat parisien. »

Corse, 7 mai 1978

« Nous sommes dans un pays où toutes les décisions, même les plus modestes, sont prises dans un bureau parisien, en fonction d'une idéologie. »

2006

Éloge (de la sieste)

« Les anciens savaient que la clé des songes est aussi celle de l'équilibre et du bonheur, et recommandaient la pratique de la sieste. »

Préface à l'*Éloge de la sieste* de Bruno Comby, 2004

Éloge (funèbre)

« Qui fera mon éloge funèbre ? Vous direz des choses gentilles que vous ne pensez pas ! »

À ses collaborateurs alors qu'il écrit l'hommage funèbre de Philipe Séguin, 2010

Emmerdes

« Tu ne vas pas pour autant bouffer ton foie ! »

À Jean-Louis Debré, candidat au perchoir, 2002

« La merde, ça vole toujours en escadrille. »

Variante :

« Les emmerdes, c'est comme les cons, ça vole en escadrille. »

« Quand on met de la merde dans un ventilateur, il faut s'attendre à ce que tout le monde soit éclaboussé. »

« Comme de Gaulle et Pompidou, je suis entouré d'emmerdeurs. »

1992

ENA

Ancien élève de la prestigieuse école, Jacques Chirac a eu parfois des propos sévères à l'égard des énarques, ces « bons à tout et propres à rien ».

« Un esprit de compétition poussé jusqu'à l'exaspération entraînait les jeunes gens et jeunes filles que nous étions dans une sarabande d'actes que l'on qualifierait aujourd'hui de débiles. »

1983

ENFANCE

« Le temps de l'enfance est court. Il ne se rattrape pas. »

2000

ENNEMIS (INTÉRIEURS)

« Je n'ai pas maintenu si longtemps le parti gaulliste hors de l'eau pour me faire dépouiller comme ça au coin d'un bois. »

1990

« Il faut que je fasse attention des deux côtés. Je navigue au milieu des écueils. Je ne peux pas avoir l'air d'être complètement dans un camp. Il faut que je mène tout cela avec prudence. »

1989, un an après avoir été humilié par François Mitterrand à l'élection présidentielle

« Moi, j'ai surmonté le choc psychologique d'avoir mon propre parti contre moi. »

Lors de la campagne du référendum sur le traité de Maastricht, 1992

« Ce poste est une machine à se faire des ennemis. [...] J'ai donc pris à mon cabinet des collaborateurs qui vont expliquer à tout le monde que je suis un type très bien. »

En devenant ministre des Relations avec le Parlement, 1972

Ennui

« Quand est-ce qu'on se tire ? C'est sinistre ici ! »

À l'enterrement de l'ancien ministre gaulliste Roger Frey, *Le Canard enchaîné*, 24 septembre 1997

Erreur politique (est humaine)

« Pour un homme politique, le fait de trébucher est quelque chose de profondément humain. »

Esclavage

« L'esclavage et la traite sont pour l'humanité une tache indélébile. »

Janvier 2006

« L'esclavage, ce n'est pas uniquement une tragédie du passé. Encore aujourd'hui, la traite des êtres humains fait des centaines de milliers de victimes dans le monde : des enfants, des jeunes filles, des familles entières, parfois sur plusieurs générations. Plus que jamais, nous devons nous mobiliser contre cette infamie. »

9 mai 2007

« Les Européens ont le devoir de s'incliner devant la mémoire des esclaves jetant un dernier regard sur Gorée, en Afrique, comme devant celle des combattants des empires amérindiens lançant un ultime appel au Soleil. »

Rencontre internationale des communautés amérindiennes, 20 juin 1996

« Cela été un phénomène massif, perpétré également avec la complicité de chefs tribaux. On a pris les meilleurs, on a pillé le sang des Africains… Et, après, on a dit que les Africains n'étaient bons à rien ! »

2007

Espérance

« L'espérance est un combat qui exige du cœur et de l'imagination. »

Une nouvelle France, 1994

Esprit français

Avec son franc-parler, Jacques Chirac incarna souvent cet esprit français râleur moqué à l'étranger. Il en avait d'ailleurs conscience.

« Prenons garde que notre esprit critique ne se transforme en esprit de dénigrement systématique… »

1987

« Le Français est un critique par essence, c'est un de ses charmes. »

4 septembre 1974

« Ici, c'est un réflexe, on a besoin de se tirer dans les pieds. Notre pays ne s'aime pas. »

À propos des critiques intérieures concernant l'action de la France à l'étranger, 1995

« La France est un pays masochiste où l'on adore prêter la main aux étrangers quand ils vous flagellent. »

1995

État

« L'État est un rempart nécessaire pour éviter une culture uniformisée et soumise aux réalités économiques. »

Campagne présidentielle de 1981

« L'État doit être un garant et non un gérant. »

Courbevoie, 18 mars 1984

États-Unis

« Je veux redire au peuple américain la solidarité de tous les Français dans cette dramatique épreuve. »

11 septembre 2001

Jacques Chirac fut d'ailleurs le premier chef d'État étranger à se rendre à New York, le 17 septembre 2001.

« La France est plus qu'une alliée, elle est une amie fidèle. L'Amérique, qui se croit mal aimée, ne mesure pas toujours l'intensité des sentiments que lui porte le peuple de France. »

« Le lien transatlantique, c'est tout simplement la traduction politique d'un accord sur des valeurs dans l'évolution du monde de demain. »

Oxford, 19 novembre 2004

Cela ne l'empêcha cependant pas de critiquer le système américain, profondément inégalitaire, ainsi que l'hégémonie américaine dans le monde.

« Plus satisfait et imbu de lui-même que ce pays, on ne fait pas. Pourtant, ça n'est pas joli-joli ce qu'on voit, quand on se promène dans les villes américaines. »

1997

« Ils s'imaginent qu'ils peuvent changer le monde, les benêts. Mais il ne les a pas attendus pour vivre et prendre des habitudes. Ils se fichent les doigts dans l'œil, s'ils croient qu'ils lui vendront leur démocratie comme du Coca-Cola ou des McDonald's. »

2006

« Chaque culture apporte à l'humanité quelque chose d'essentiel. C'est vrai que je supporte mal l'hégémonie de firmes comme Coca-Cola, et que j'ai en permanence des problèmes avec les Américains, toujours à vouloir m'imposer leur point de vue. »

2007

Éthique

« L'éthique, c'est se donner des lois et se fixer des frontières pour être plus libre et plus digne de sa qualité d'homme. »

Oradour-sur-Glane, 16 juillet 1999

Europe

De l'appel de Cochin, en 1978, au référendum sur le traité constitutionnel, en 2005, Jacques Chirac a eu des positions extrêmement fluctuantes sur l'Europe, mais s'engagea fortement en faveur du oui lors du référendum français sur le traité constitutionnel pour l'Europe. Le 29 mai 2005, le non l'emporta pourtant à 54,87 %.

« Ceux qui laissent croire que, par une sorte d'abracadabra européen, tous nos problèmes seront résolus, se trompent et trompent les Français. »

13 octobre 1978

« Cette Europe mollusque et sans corps véritable, nous ne l'accepterons jamais ! »

Pendant la campagne des élections européennes de 1979

Il a cependant réalisé qu'il fallait être en faveur de la construction européenne s'il voulait devenir président de la République. Et il devint alors l'un des promoteurs du couple franco-allemand pour faire avancer l'Europe.

« L'accord franco-allemand est un peu consubstantiel à la notion d'Europe et de construction européenne. »

Oxford, 19 novembre 2004

« L'Est est notre nouvelle frontière. Au moment précis où les anciennes républiques populaires renouent avec la liberté, l'Europe ne saurait se contenter d'être un club de privilégiés condamnant une partie des membres de la famille européenne à faire antichambre. »

1994

« La vérité est que j'ai été dès l'origine un Européen, non de passion, mais de raison. »

Mémoires I – Chaque pas doit être un but, 2009

« Les commissaires européens doivent être remis à leur place : ils se prennent pour des mini-chefs d'État, voyagent au lieu de travailler, et finissent par être antieuropéens. »

1996

« Le rejet du traité serait vécu par les Européens comme un non à l'Europe. Il ouvrirait une période de divisions, de doutes, d'incertitudes. C'est une illusion de croire que l'Europe repartirait de plus belle avec un autre projet. Car il n'y a pas d'autre projet. L'Europe serait en panne, à la recherche d'un impossible consensus. Le monde, lui, continuerait d'avancer d'une manière accélérée. »

26 mai 2005

« La monnaie unique n'a aucune chance d'exister avant vingt-cinq ans. On est dans le domaine du rêve. »

1992

Jacques Chirac va pourtant très vite se rallier à l'idée d'une union monétaire, en soutenant le oui lors du référendum sur le traité de Maastricht.

« L'union monétaire, c'est des glissières qui vous empêchent de tomber dans le ravin si vous faites des conneries. »

1992

EXEMPLE

« L'exemple doit venir d'en haut. [...] L'État doit afficher une modestie et réduire son train de vie. [...] Les moyens des ministres, du Premier ministre et du président de la République seront limités. »

Aux ministres du gouvernement Juppé lors du premier Conseil de son septennat, 1995

EXPÉRIENCE

« J'ai été Premier ministre à 41 ans, c'était trop jeune. Quatorze années d'expérience, c'était insuffisant. Pour aller au gouvernement, il faut une certaine expérience et du plomb sous les semelles. »

1985

L'année suivante, il redevint Premier ministre...

EXTRÉMISME

Grand pourfendeur des extrêmes, Jacques Chirac ne composa jamais avec, ni politiquement ni intellectuellement.

« L'extrémisme est trompeur. Il porte en lui l'intolérance, le déclin, le repli. Il conduit à l'isolement, à l'autarcie. Contre toutes nos traditions, il voudrait ériger en principes l'inégalité, la discrimination, le racisme et la xénophobie. »

Châteauroux, 30 mai 2002, alors qu'il vient d'être réélu face à Jean-Marie Le Pen.

« La montée des extrémismes, c'est toujours la sanction de l'inaction. »

Quelques semaines avant sa réélection face à Jean-Marie Le Pen, 2002

« Ne composez jamais avec l'extrémisme, le racisme, l'antisémitisme ou le rejet de l'autre. »

Dernier message aux Français avant de quitter l'Élysée, le 11 mai 2007

F

Fabius (Laurent)

« Ce n'est pas vous, monsieur Fabius, qui allez me déstabiliser. Soyez gentil de me laisser parler et de cesser d'intervenir incessamment comme un roquet ! »

Débat qui l'oppose à Laurent Fabius,
alors Premier ministre, octobre 1985

Laurent Fabius lui répliqua vertement :

« Vous parlez au Premier ministre de la France ! »

Famille

« Une France forte, c'est d'abord une France qui ne laisse pas dépérir son capital le plus précieux (la famille). La détérioration de la démocratie conduit à l'appauvrissement et au déclin. »

Alors qu'il a, quelques mois plus tôt,
défendu la loi Veil, juin 1975

« C'est dans la famille que l'immense majorité des Français cherche la réponse principale à l'angoisse de l'isolement. »

Jacques Chirac n'approuva d'ailleurs pas le pacs, « formule, d'après lui, inadaptée aux besoins de la famille, car elle ne reconnaît pas la valeur de l'engagement ».

« Dans ma famille, on réduit de père en fils, en taille et en corpulence. »

2007

FAURE (EDGAR)

« Edgar Faure, quand il y avait un palais national à portée, était toujours tenté. »

À propos de l'ancien ministre, devenu président de l'Assemblée nationale (1973-1978), 2007

FAUSSES FACTURES

« Des histoires de cornecul ! »

Citant Rabelais à propos des allégations de fausses factures dans le cadre de l'affaire des HLM de Paris, *Le Monde*, 7 mai 2005

FEMME

On a souvent laissé entendre que Jacques Chirac fut un coureur de jupons, ce qu'il démentit…

« Je n'ai pas détesté les femmes, mais je n'en ai pas abusé. »

2007

« J'ai peu de besoin, ma femme non plus. »

« Pour moi, la femme idéale, c'est la femme corrézienne, celle de l'ancien temps, dure à la peine, qui sert les hommes à table, ne s'assied jamais avec eux et ne parle pas. »

Le Monde, 2 février 1987

« Je crois que les deux sexes sont complémentaires. »

1977

« Chaque fois que j'ai voulu lancer une femme, ça m'est retombé sur la gueule. »

À propos de Michèle Barzach, Rennes, 1990

Sous le premier mandat de Jacques Chirac, mais sous un gouvernement socialiste, fut adoptée la loi tendant à favoriser l'égal accès des femmes et des hommes aux mandats électoraux et fonctions électives (6 juin 2000).

« La démocratie représentative ne peut pas fonctionner avec la moitié de la population absente : les femmes. »

1994

« L'une des grandes exigences politiques de notre société, c'est de donner aux femmes la place qui leur revient. Cette place aucune loi, aucun quota ne la leur garantira. »

Une nouvelle France, 1994

« La vitalité de toute démocratie se mesure à la place réservée aux femmes. »

2005

FENÊTRE (OUVRIR LA)

« Moi, je n'aime pas les voitures blindées, parce qu'on ne peut pas ouvrir les fenêtres complètement. J'aime avoir le bras dans une fenêtre ouverte. »

1997

FIDÉLITÉ/LOYAUTÉ

« J'exige la loyauté de mes collaborateurs. Je leur suis toujours loyal en retour. C'est la moindre des choses. Rien ne m'est plus étranger que la culture du bouc émissaire. »

1997

Jean-Louis Debré, Jean-Pierre Raffarin ou Dominique de Villepin furent ainsi récompensés, tandis qu'Édouard Balladur ou Nicolas Sarkozy l'apprirent à leurs dépens. Cependant, Jacques Chirac resta un animal politique considérant que « la fidélité, ça n'existe pas ». Ainsi, voici ce qu'il disait à propos de sa relation avec Valéry Giscard d'Estaing :

« J'ai servi en toute loyauté le chef de l'État, mais je suis de ceux qui croient que la loyauté implique la franchise. »

Discours d'Égletons, 3 octobre 1976

On sait ce qu'il advint...

Fiscalité

« La fiscalité de demain devra être assise non seulement sur les dépenses et les revenus, mais aussi sur le capital. »

1983

Foi

« Je suis non seulement catholique par tradition familiale, mais encore pratiquant. »

La Lueur de l'espérance, 1978

« Rien ne se fait dans les sociétés de grand ou de durable autrement que porté par la foi. »

1987

Fracture sociale

« La France fut longtemps considérée comme un modèle de mobilité sociale. Certes, tout n'y était pas parfait. Mais elle connaissait un mouvement continu qui allait dans le bon sens. Or, la sécurité économique et la certitude du lendemain sont désormais des privilèges. La jeunesse française exprime son désarroi. Une fracture sociale se creuse, dont l'ensemble de la nation supporte la charge. »

17 février 1995, popularisant une expression inventée par le sociologue Marcel Gauchet et reprise par le géographe et politologue Emmanuel Todd

« Aucune civilisation n'a duré quand elle acceptait la fracture sociale des exclus. »

Antenne 2, 5 septembre 1995

« J'ai dit que tout sera fait pour réduire la fracture sociale, et nous le ferons. [...] C'est pour mener ce combat que j'ai été élu. Je ne me déroberai pas. »

Le Havre, 29 septembre 1995

Français

« Je suis très fier d'être français, et je considère que, lorsqu'on est français, on doit porter autour de soi le respect, la paix et les valeurs de la démocratie. »

2007

« Le français est parlé partout dans le monde. Nous devons le faire vivre avec enthousiasme. À travers lui se sont exprimés certains des esprits les plus créatifs de l'histoire universelle des idées. En lui se sont reconnus, à travers les siècles et dans le monde entier, beaucoup de celles et de ceux qui pensent, rêvent et veulent bâtir un monde meilleur. »

Discours de présentation de la Maison de la Francophonie, 19 mars 2007

« La langue française n'est pas le latin des temps modernes. »

1975, insistant sur le fait que notre langue n'avait pas à rougir de sa concurrence avec l'anglais

« Il y a, dans le peuple français, des trésors d'intelligence, de combativité et de vertu. »

La France pour tous, 1995

« Une communauté se reconnaît dans les plus entreprenants et les plus inventifs d'entre les siens. »

1999

FRANCE

« Cette France qui, avant d'être un territoire, est une langue, une idée, un idéal de justice et de liberté. »

Centenaire de la mort d'Émile Zola, 6 octobre 2002

« La France est un vieux pays, mais elle est aussi une nation jeune, enthousiaste, prête à libérer le meilleur d'elle-même, pour peu qu'on lui montre l'horizon et non l'étroitesse de murs clos. »

Investiture à l'Élysée, 17 mai 1995

« La France n'est jamais plus grande que lorsqu'elle l'est pour tous. »

Citant Malraux lors du discours à l'occasion du transfert des cendres de ce dernier au Panthéon, 23 novembre, 1996

« La France est un pays ingouvernable. Elle ne voulait plus de nous ni de nos réformes. »

1997

« On ne construit pas la grandeur de la France avec de l'eau tiède et du chloroforme. »

Menton, 1985

« Rassembler toutes celles et tous ceux qui, à travers le monde, s'emploient à faire progresser le dialogue des cultures et des civilisations. Cette ambition, la France l'a pleinement faite sienne. Elle la porte inlassablement dans les enceintes internationales et au cœur des grands problèmes du monde. Elle la porte avec ardeur et conviction, car elle est conforme à sa vocation, celle d'une nation de tout temps éprise d'universel, mais qui, au fil d'une histoire tumultueuse, a appris la valeur de l'altérité. »

Inauguration du musée du quai Branly, 20 juin 2006

« La France a vocation – elle l'a probablement eue tout au long de son histoire – à apporter au monde une certaine vision humaniste. »

2007

France (équipe de)

En 1998, l'équipe de France de football, emmenée par Aimé Jacquet, remporte la Coupe du monde organisée en France. Jacques Chirac, sans être un amateur de ce sport, célébra cette victoire.

« Cette équipe, à la fois tricolore et multicolore, donnait alors au monde une belle image de la France dans ce qu'elle a d'humaniste, de fort, de rassemblée. »

1998

« Et voici l'équipe de France… Et la Coupe de France… La Coupe du monde ! »

Après la victoire de l'équipe de France, 1998

Franglais

Durant la visite de la vieille ville de Jérusalem, le 22 octobre 1996, Jacques Chirac est excédé par les forces de sécurité qui l'empêchent d'aller au contact de la foule. Il explose et prononce l'une de ses phrases restées célèbres :

« *What do you want ? Me go back to France ? This is not a method, this is a provocation !* »

« Que voulez-vous ? Moi rentrer en France ? Ce n'est pas une méthode, c'est une provocation ! »

… Avant de retrouver presque immédiatement sa bonne humeur et de lancer des « Bonjour ! » à une foule se pressant sur son chemin.

FRONT NATIONAL

Jacques Chirac a toujours été hostile au Front national, et à son chef, Jean-Marie Le Pen. Certains de ses proches l'ont poussé à se rapprocher du président du parti d'extrême droite, ce qu'il refusa.

« Face à l'intolérance et à la haine, il n'y a pas de transaction possible, pas de compromission possible, pas de débat possible. »

Rennes, deux jours après le 21 avril 2002

« J'ai toujours été allergique au Front national. C'est quasiment physique ; je ne peux supporter tout ce qui est racisme et xénophobie. »

2007

« À l'heure qu'il est, je serais peut-être Président, si j'avais pactisé avec l'extrême droite… »

1990

G

Gauche

« Je ne suis pas disposé à subir le terrorisme intellectuel d'une gauche moralement et intellectuellement décadente. »

Lille, 1988

Gaulle (Charles de)

Jacques Chirac fut secrétaire d'État dans l'un des derniers gouvernements du général de Gaulle.

« Pour moi, le général de Gaulle était un homme qui avait voulu et qui avait gagné. »

1983

« De Gaulle nous a quittés, mais nous n'avons pas quitté de Gaulle. »

22 novembre 1971

« À l'heure actuelle, aucun nom ne représenterait une synthèse plus complète de nos devoirs, avec leur subordination à l'essentiel, et aucun ne rappellerait mieux les combats que doit livrer l'espérance. »

La Lueur de l'espérance, 1978

GAULLE-ANTHONIOZ (GENEVIÈVE DE)

« Il est des lumières qui ne s'éteignent pas, il est des êtres d'exception qui ne nous quittent pas. »

À propos de l'ancienne résistante devenue présidente d'ATD Quart-Monde, 9 mars 2002

GAULLISME ET GAULLISTES

« Le gaullisme sans de Gaulle, c'est vouloir faire du civet sans lièvre. »

La Lueur de l'espérance, 1978

« Il y a deux catégories de gens : ceux qui se rassemblent, et ceux que tout divise. Vous ne trouverez pas trois gaullistes d'accord sur une dizaine de points. Ils se rassemblent néanmoins à la première occasion et, en tout cas, à la première crise. »

Juillet 1977

« Quant aux gaullistes, c'étaient des hommes et des femmes qui refusent la fatalité. »

1983

Gentleman

« On a toujours tort de mêler les choses privées au débat politique. Je ne trouve pas ça convenable. »

2006

Girouette

« Il n'y a pas que les imbéciles qui ne changent pas d'avis, je l'ai toujours dit. »

2007

Giscard d'Estaing (Valéry)

La relation entre Valéry Giscard d'Estaing et Jacques Chirac structura une partie de la Ve République. En 1974, Jacques Chirac permit à Giscard d'accéder à l'Élysée.

« Je suis très loin, malheureusement, d'avoir les mêmes facilités intellectuelles que le président de la République. C'est d'ailleurs pour cela qu'il est à l'Élysée, probablement. »

1974

« Valéry Giscard d'Estaing n'a été exceptionnel que dans la trahison. »

1969

« À partir du moment où les choses sont bien claires et où il ne vous prend pas pour un esclave, il est très agréable de travailler avec Giscard.

Giscard est un homme remarquablement intelligent et, surtout, il est très formateur. »

Juin 1974

Valéry Giscard d'Estaing nomma Jacques Chirac Premier ministre en 1974.

« Giscard lui-même m'a encouragé à aller à Matignon… Mais s'il m'a poussé, c'est sûrement pour que je me casse la gueule. »

Et Chirac démissionna de son poste de Premier ministre en août 1976.. Commence alors une sourde lutte entre les deux hommes…

« Il a tout fait pour me retenir, il ne voulait pas me lâcher avant 1978. J'ai tout fait, moi, pour être licencié ! Mais ça n'a pas marché. »

Novembre 1976

« Il veut toujours être le plus fort. Il ne croit pas le plombier lorsque celui-ci lui dit : "Je connais bien ce truc-là, croyez-moi, voilà quand et comment ça ne va pas marcher !" »

1977

« J'ai toujours dit à Giscard qu'il avait un entourage qui cherchait à plaire et non à servir. »

1992

« Un homme très brillant, mais qui résonnait faux. Et qui n'incarnait pas la France. »

2007

« Giscard perd les élections, et il partira la paille aux fesses huit jours plus tard. »

1976

Leur haine trouva son épilogue en 1981 avec la défaite de Giscard d'Estaing face à Mitterrand. Éliminé du premier tour, Jacques Chirac se retrouve alors faiseur de roi et décide de ne donner aucune consigne de vote.

« Je laisse mes électeurs du premier tour décider selon leur conscience. Je ne puis, pour ma part, que voter pour Valéry Giscard d'Estaing. »

Mai 1981

« Giscard, c'était Louis XV, Mitterrand le XIXe siècle. »

1981

« Le problème, avec lui, c'est qu'il veut tout partager 50-50, et qu'on l'élise président de la République. »

1981

« Si les primaires pour la présidentielle n'ont pas lieu, Giscard et moi nous serons candidats, et nous entrerons tous les deux en même temps dans le *Guinness des records* d'imbécillité. »

Alors que l'ancien président de la République rêve à une nouvelle candidature, 1991

Gouverner

« Il n'est plus possible de gouverner aujourd'hui comme on l'a fait au cours des vingt dernières années. Esquiver les vrais problèmes, poser des pansements sur des blessures qu'on ne soigne jamais, remettre à demain ce qu'il faut faire sans délai. »

Alors qu'il vient d'être élu, 1995

Guerre

« La guerre, c'est toujours un ultime recours, c'est toujours un constat d'échec, c'est toujours la pire des solutions, parce qu'elle amène la mort et la misère. »

À la veille de l'invasion de l'Irak, 2003

« Les soldats sont faits pour faire la guerre. Pas la paix. »

1995

« Les généraux sont toujours pacifistes. Ils ne veulent pas qu'on touche à leurs jouets, vous comprenez. Ils ont trop peur qu'on les leur casse. »

Lors de la guerre en ex-Yougoslavie, 1995

« Nous devons résister. Rendre coup pour coup. Nous faire respecter. Cessons de tendre l'autre joue après chaque humiliation. Si c'est la guerre, eh bien tant pis, il faut la faire. »

1995

Gueule (coup de)

« Entrer dans l'Union européenne, cela suppose tout de même un minimum de considération pour les autres, et un minimum de concertation. Si sur le premier sujet difficile on se met à donner son point de vue indépendamment de toute concertation avec l'ensemble dans lequel, par ailleurs, on veut entrer, alors ce n'est pas un comportement bien responsable ! »

À l'encontre des pays d'Europe centrale récemment entrés dans l'Union européenne, et soutenant la position anglo-américaine sur l'Irak, 2003

Gueule (fort en)

« On finit toujours par promouvoir, dans toute hiérarchie de cet ordre, ceux qui crient le plus fort. »

Mémoires I – Chaque pas doit être un but, 2009

« On ne peut sans cesse dire n'importe quoi et s'étonner d'être en difficulté. »

À l'un de ses ministres pendant un Conseil des ministres

H

Handicap

« Le regard que nous portons sur les personnes handicapées engage notre vision de l'homme tout entier. »

Corrèze, 1995

« En acceptant le handicap comme une réalité de la vie, notre société gagnera, sans aucun doute, un supplément d'âme. Elle deviendra plus accueillante, plus juste, plus humaine. »

18 mai 2006

Harkis

« Les harkis ne sauraient demeurer les oubliés d'une histoire enfouie. Ils doivent désormais prendre toute leur place dans notre mémoire. »

25 septembre 2001

Histoire (de France)

« L'Histoire, notre histoire, est un long apprentissage de l'art difficile de vivre ensemble. »

Commémoration du 400e anniversaire
de l'édit de Nantes, 18 février 1998

« Jeanne enfin nous touche parce qu'elle incarne, au plus fort de la tempête, l'esprit de résistance. Cette France qui ne peut se résoudre à la fatalité et à la servitude. [...] Elle nous enseigne que vouloir la victoire, c'est d'abord y croire. »

8 mai 1996

« Plus qu'aucune autre bataille, Verdun est le symbole de la résistance et du patriotisme. [...] Verdun, c'est aussi le symbole de la solidarité dans une épreuve inhumaine. »

80e anniversaire de la bataille de Verdun, 16 juin 1996

« Ainsi, il y a cinquante ans, à des milliers de kilomètres de leur patrie, dans une vallée oubliée du Haut-Tonkin, les hommes de Diên Biên Phu ont écrit avec leur sang une nouvelle geste qui renoue, par-delà les siècles, avec l'héroïsme de *La Chanson de Roland*. Dans la plaine de Diên Biên Phu, comme à Roncevaux, des soldats, en se sacrifiant jusqu'au dernier, ont transmué un désastre en une épopée. »

50e anniversaire de la fin des combats
de Diên Biên Phu, 7 mai 2004

« Oui, la folie criminelle de l'occupant a été secondée par des Français, par l'État français. [...] La France, patrie des Lumières et des droits de l'homme, terre d'accueil et d'asile, la France, ce jour-là, accomplissait l'irréparable. Manquant à sa parole, elle livrait ses protégés à leurs bourreaux. »

Commémoration de la rafle du Vel'd'Hiv à Paris, 16 juillet 1995

« Il est des moments, rares, où l'Histoire est dans la main de quelques hommes. »

Conférence de Rambouillet sur le règlement du conflit au Kosovo, février 1999

« Le citadin et le paysan. L'aristocrate et l'ouvrier. L'instituteur et le curé. Le républicain et le monarchiste. Celui qui croit au Ciel et celui qui n'y croit pas. Toutes les conditions, toutes les opinions, toutes les religions sont à Verdun. »

90e anniversaire de la bataille de Verdun, 25 juin 2006

HOLLANDE (FRANÇOIS)

L'actuel président de la République entretient une histoire commune avec Jacques Chirac. Les deux hommes se sont croisés dès 1981 en Corrèze, où le jeune socialiste inconnu défia un Chirac ancien Premier ministre et candidat à l'élection présidentielle, qui railla...

« Ce candidat moins connu que le labrador de Mitterrand. »

1981 (cité en 2014)

François Hollande alla même jusqu'à défier Jacques Chirac personnellement en plein meeting à Ussel en Corrèze. Cette première rencontre n'empêcha pas Jacques Chirac de soutenir, trente ans plus tard, sur ses terres corréziennes, François Hollande face à Nicolas Sarkozy.

« Je peux dire que je voterai Hollande. »

Pentecôte 2011

Homme

« On gagne toujours quand on parie sur l'homme. »

6 décembre 1999

« En chaque homme, il y a le meilleur mais aussi le pire. Le problème, c'est de cultiver le meilleur et d'éliminer le pire. »

Antilles, avril 1995

« Nos pires ennemis sont en nous-mêmes. »

Une nouvelle France, 1994

« L'homme n'est pas seulement ce qu'il est une fois pour toutes, il reste ouvert. Il ne connaît pas une solution, une réalisation comme la seule juste parmi toutes celles qui, ayant pris la mesure de l'humain, enrichissent le trésor spirituel de l'humanité. »

À l'occasion de la visite du dalaï-lama à Paris,
6 octobre 1982

Homme d'État

« Il y a peu d'hommes, finalement, qui aient beaucoup de caractère. Dans les périodes normales ou calmes, cela ne se voit pas. Mais, dans les périodes troublées ou agitées, cela apparaît de la façon la plus claire. C'est la raison pour laquelle, pour choisir des hommes, il est bon ou utile, mais cela n'est pas toujours facile ou possible, de connaître leur comportement dans les périodes difficiles. »

1978

« On ne peut pas être un homme d'État si l'on ne sait pas garder un certain équilibre. »

À Bernard Pivot, avril 1988

« Je sais d'expérience que la conduite des affaires d'un État est chose difficile. Peut-être avais-je sous-estimé la difficulté. Peut-être… »

Juste après son élection à la présidence
de la République, 1995

Homme politique

« Le “politique” est, par excellence, l’homme qui agit (je fais la distinction d’avec le “politicien”, homme qui parle et qui intrigue). Et dire aujourd’hui d’un homme qu’il est actif, c’est sans doute vouloir lui décerner un grand éloge. »

France 2, 10 mars 1997

Hussarde (à la)

« Buvons à nos femmes, à nos chevaux, et à ceux qui les montent ! »

Le Nouvel Observateur, 11 juillet 1991

« Moi, vous savez, je n’aime que deux choses : la trompette de cavalerie et les romans policiers. »

« Il paraîtrait que j’ignore le doute, et que la nuance m’est étrangère... Cela donne Bonaparte au pont d’Arcole. »

2001

Hussein (Saddam)

« Vous êtes mon ami personnel. Vous êtes assuré de mon estime, de ma considération et de mon affection. »

À l’intention du dictateur irakien, en 1974.

Près de trente ans plus tard, en 2003, Jacques Chirac s’opposa à l’invasion de l’Irak.

I

Idéologie (et ses variations)

On a souvent moqué les revirements idéologiques de Jacques Chirac. Lui-même s'en défendit.

« Il n'y a que les imbéciles qui ne changent pas d'avis. Quand l'influence tient à la compétence, il est tout à fait normal de se laisser influencer par elle. Ce qui est fâcheux, c'est de changer d'avis sans motif. Je n'ai jamais eu le sentiment de changer d'avis sans avoir une bonne raison de le faire. »

2007

Immigration

« Nous n'avons plus les moyens d'honorer le regroupement familial, et il faut enfin ouvrir le débat qui s'impose dans notre pays, qui est un vrai débat moral pour savoir s'il est naturel que les étrangers puissent bénéficier au même titre que les Français d'une solidarité nationale à laquelle ils ne participent pas, puisqu'ils ne paient pas d'impôts. »

1991

« L'immigration doit être arrêtée et toutes les mesures, qu'elles soient législatives, réglementaires, diplomatiques, et qui ont été évoquées et qui sont nécessaires, devront être prises. »

Assises de l'opposition, Villepinte, 1er avril 1990

« Notre problème, ce n'est pas les étrangers ; c'est qu'il y a overdose. C'est peut-être vrai qu'il n'y a pas plus d'étrangers qu'avant la guerre, mais ce n'est pas les mêmes, et ça fait une différence. Il est certain que d'avoir des Espagnols, des Polonais et des Portugais travaillant chez nous, ça pose moins de problèmes que d'avoir des musulmans et des Noirs. [...] Comment voulez-vous que le travailleur français [...] qui travaille avec sa femme, et qui, ensemble, gagnent environ 15 000 francs, et qui voient sur le palier à côté de son HLM, entassée, une famille avec un père de famille, trois ou quatre épouses et une vingtaine de gosses et qui gagne 50 000 francs de prestations sociales sans naturellement travailler... Si vous ajoutez à cela le bruit et l'odeur, eh bien le travailleur français sur le palier, il devient fou. [...] Et ce n'est pas être raciste que de dire cela. »

Discours d'Orléans, 19 juin 1991

Impôts

« Les impôts ne sont pas prélevés pour punir les gens, mais pour financer le fonctionnement de la société. »

Paris Match, 3 septembre 1992

« Un impôt sur le revenu excessif pénalise l'initiative et dissuade la prise de risque. Il faut absolument réduire les impôts. »

Une nouvelle France, 1994

Insécurité

Cette thématique, devenue centrale dans le débat public au début des années 2000, se retrouve au cœur de la campagne présidentielle de 2002.

« Le sentiment d'insécurité qui se propage finit par imprimer sa marque à toute la vie en société. Et, bientôt, c'est la crainte de l'autre qui en vient à chasser le besoin de l'autre. »

Garges-lès-Gonesse, 19 février 2002

« L'insécurité, ça va de l'incivilité ordinaire à ce que nous avons connu cette nuit à Nanterre. »

Après la tuerie de Nanterre, 27 mars 2002

Instinct (primaire)

« Finalement, chaque homme n'agit qu'en fonction de la satisfaction d'un désir. »

1987

« Nous autres, les hommes, nous sommes les Cro-Magnon de la préhistoire. Toujours à chasser et à courir la gueuse. Mais, à la fin des fins, il nous faut retourner dans notre grotte. »

1995

INSTITUTIONS

« Il faut respecter les institutions, les gaullistes plus que toute autre. Je suis toujours réservé quand il s'agit de les modifier. »

1992

« Je suis favorable à une évolution vers le régime présidentiel. Le Premier ministre doit se conduire comme le lieutenant du président de la République, et prendre à son compte tout ce qui est un peu désagréable et difficile. »

1972

« L'expérience m'a appris quelque chose qui s'impose après quarante ans de vie politique. Nos institutions ne peuvent fonctionner convenablement que s'il y a un lien de confiance sans réserve entre le chef de l'État et le chef du gouvernement. Si la défiance apparaît, tout le système se grippe. »

Cité dans *Le Monde*, 7 mai 2005

« C'est au Président de donner les directives. Le Premier ministre doit par définition adhérer aux actes du Président, ou se démettre. »

Le Quotidien de Paris, 8 juillet 1974

Tout en précisant cependant que...

« Restreindre l'autorité du Premier ministre conduit inévitablement à affaiblir celle du chef de l'État. »

Mémoires II – Le Temps présidentiel, 2011

Car, en fait, tout dépendait du poste que Jacques Chirac occupait – Premier ministre ou président de la République.

INTELLECTUELS

« Voyez comme nos intellectuels en chaise longue sont prodigues de systèmes, de conseils, de critiques. Mais bien peu prennent le risque d'exercer dans la cité les responsabilités qui tempèrent l'intolérance et font mûrir la réflexion... Ainsi se dérègle l'intelligence. »

Revue des Deux Mondes, octobre 1976

« Je n'aime pas les questions d'intellectuels qui se branlent tellement fort qu'ils en mettent sur les murs. »

Libération, 17 février 1995

« Les dialecticiens anarchisants, douillettement installées dans la vie. »

La Lueur de l'espérance, 1978

Irak

« On n'exporte pas la démocratie dans un fourgon blindé. »

S'opposant à la guerre en Irak voulue
par George W. Bush
sans l'aval des Nations unies, 2003

« Une guerre de cette nature ne peut conduire, à mes yeux, qu'à un développement du terrorisme. »

2003

« Quelles que soient les circonstances, la France votera non [au Conseil de sécurité des Nations unies], parce qu'elle considère ce soir qu'il n'y a pas lieu de faire une guerre pour atteindre l'objectif que nous nous sommes fixé, c'est-à-dire le désarmement de l'Irak. »

Intervention télévisée, 10 mars 2003

« Le désarmement suppose une transparence. Et les dictatures ne résistent pas longtemps à la transparence. »

2003

Plus généralement, Jacques Chirac vit d'un mauvais œil la volonté des États-Unis d'imposer par la force la démocratie au Proche et au Moyen-Orient.

« Si nous voulons intervenir pour changer les régimes politiques des pays, nous sommes alors dans une autre civilisation. »

New York Times, 8 septembre, 2002

J

JAPON

« Les Japonais sont peu sensibles au tam-tam de guerre façon gauloise. »

Le Figaro, 3 novembre 1990

JEUNES

« Trop de jeunes se croient sans avenir, alors qu'ils sont sans objectif. »

6 décembre 1999

JEUNISME

« Il y a déjà tellement de jeunes qui sont vieux que ce n'est pas la peine de rajouter des vieux qui veulent jouer les jeunes. »

1987

JOSPIN (LIONEL)

Après avoir battu Lionel Jospin lors de l'élection présidentielle, en 1995, Jacques Chirac fut contraint d'appeler à Matignon le premier des socialistes après la dissolution ratée et la victoire du PS aux élections législatives de 1997.

« Je ne vais pas l'agresser d'emblée. On en a pour cinq ans. De toute façon, il se plantera. C'est la loi de Matignon, et j'en sais quelque chose. »

1997

Mais…

« Jospin a un problème de crédibilité : le rôle du Président, c'est tout de même d'appuyer sur le bouton nucléaire ! »

1995

« Jospin est un homme très intelligent. Mais il est aussi très dissimulé. »

1997

Journalistes

« La technique qui consiste à isoler du contexte de l'époque des phrases prononcées il y a quinze ou vingt ans n'est pas honnête. »

L'Événement du jeudi, 13 avril 1995

« Il faut que ces Messieurs du *Monde* le sachent : ce ne sont pas eux qui font ou défont les Premiers ministres de la France. »

Alors que le journal critique la politique d'Alain Juppé, 1995

« Réfléchissez deux minutes… Euh… Ce n'est pas excessif. »

« Dans le livre que je vous ai envoyé, je n'ai pas mis les images à colorier… »

À Michel Field, 1995

« – Qui nous parle ? Le maire de Paris, le président du RPR ou le prochain présidentiable ? demande le journaliste :

« – C'est Jacques Chirac qui vous parle. Je sais que vous êtes un jeune journaliste, mais je croyais quand même que cette information était parvenue jusqu'à vous. »

Échange avec Étienne Leenhardt,
qui essaie d'arracher à Jacques Chirac l'annonce
de sa candidature, 1994

« Bordel de merde, vous recevez le Premier ministre, et vous n'ouvrez pas votre bulletin sur la diminution historique des chiffres du chômage. Vous vous foutez de ma gueule ? »

À Jean-Pierre Elkabbach sur Europe 1,
décembre 1987

Juges

« Ils veulent ma peau. Ils veulent la peau de tous les hommes politiques. Je ne sais s'ils veulent foutre en l'air la société ou simplement s'attaquer à tout ce qui brille dans le pays et aux têtes qui dépassent. »

1996

Juifs

« J'ai de surcroît une sympathie naturelle pour eux, alors que Dieu sait s'ils multiplient les erreurs en Israël. »

4 juillet 1997

« Ils cultivent l'intelligence. Quand un juif s'installe quelque part, il crée d'abord une école, et après seulement une synagogue. Alors que les catholiques, eux, commencent par installer une église. »

2007

Juppé (Alain)

Jacques Chirac fut le mentor d'Alain Juppé, qu'il considéra comme son fils politique, et dont il fit son premier Premier ministre, entre 1995 et 1997. Il ne tarissait pas d'éloges sur « celui qui est probablement le meilleur d'entre nous ».

« Juppé est loyal, fidèle, franc. »

1994

« Juppé est un excellent Premier ministre. Comme les bons kinés, il appuie là où ça fait mal pour faire du bien. »

1996

« J'ai toujours su qu'Alain Juppé serait au rendez-vous de son destin et de celui de la France. Peu de choses pouvaient me faire plus plaisir, pour moi-même, pour lui, et surtout pour notre pays. [...] Si j'en avais l'énergie, j'aurais déjà réservé ma place, même une petite, à son QG. »

2 octobre 2014, apportant son soutien à son ancien
Premier ministre, candidat à la primaire
de la droite pour l'élection présidentielle de 2017

Justice

« Une justice trop soumise conduit à des abus, car la corruption existe. Il est donc nécessaire de restaurer l'indépendance de la justice et la moralité publique. »

1992

K

Kangourou (métaphore du)

Devenu Premier ministre de Valéry Giscard d'Estaing en 1974, Jacques Chirac se voit imposer les membres de son gouvernement – mis à part Simone Veil à la Santé. À l'occasion d'un remaniement, il a cette phrase :

« Ce gouvernement est un kangourou avec quarante-trois petits, dont chacun a lui-même une poche pleine d'arrière-pensées. »

Janvier 1976

L

Lâcheté

« La lâcheté, sous couvert d'expérience et de juste milieu, se pare alors de toutes les séductions. »

1983

« Quand l'ennemi approche, la tentation vient aux faibles de l'aider en sa victoire dans l'espoir, toujours vain, de se le concilier. »

Vierzon, 16 janvier 1978

Laïcité

« L'État républicain, c'est aussi la laïcité. »

La France pour tous, 1995

« Chacun doit aussi prendre conscience du rôle essentiel de la laïcité dans notre République. Plus que jamais, la laïcité détermine notre capacité à faire vivre ensemble des femmes et des hommes égaux et différents, libres et solidaires.

La laïcité constitue pour chaque citoyen une protection fondamentale, la garantie non seulement que ses propres convictions seront respectées, mais aussi que les convictions des autres ne lui seront jamais imposées. [...] La laïcité n'est pas négociable. »

Valenciennes, 21 octobre 2003

Les grands-pères de Jacques Chirac étaient directeurs d'école.

Laurence

« Cela a été, et c'est le drame de ma vie. »

À propos de la maladie (anorexie mentale) de sa fille Laurence, 2007

Légion d'honneur

« La gestion des décorations est le seul domaine où la gauche est plus libérale que la droite. »

1989

Le Pen (Jean-Marie)

Dès l'émergence du FN à l'occasion de l'élection municipale partielle de Dreux, en 1983, Jacques Chirac s'est opposé au mouvement d'extrême droite et à son chef, après lequel, pensait-il, le FN ne survivrait pas.

« Ce n'est pas en en rajoutant sur Le Pen que vous gagnerez. C'est en montrant votre incompatibilité avec lui. »

À ses amis politiques, 1987

« Si Le Pen disparaît, il n'y aura plus rien. »

Novembre 1995

Il y eut alors pourtant Marine Le Pen.

LETTRES FRANÇAISES

Lorsqu'il était Premier ministre, en 1976, Jacques Chirac conservait dans le tiroir de son bureau un recueil de poésie. Puis, en tant que président de la République et protecteur de l'Académie française, il fut toujours un défenseur des lettres françaises.

« Le combat de Hugo, sous le regard de Dieu, est celui de l'ange contre la bête. Combat éternel du Bien et du Mal. Combat, sans fin ni frontières, que nous poursuivons obstinément en faveur de l'homme, de la paix, de la justice, du progrès. La première leçon de Hugo, c'est le cap d'humanisme qu'il nous fixe à jamais. »

Inauguration de l'exposition consacrée
à Victor Hugo pour le bicentenaire de sa naissance,
19 mars 2002

« Avec vous, c'est l'enfance, ses heures de lecture savourées en secret, l'émotion, la passion, l'aventure, le panache, qui entrent au Panthéon. Aujourd'hui, Alexandre Dumas n'est plus seul. Un cortège bigarré, bruyant et tumultueux l'accompagne. Avec lui, c'est notre mémoire populaire et notre imaginaire collectif qui entrent au Panthéon. »

Transfert des cendres d'Alexandre Dumas au Panthéon, 30 novembre 2002

Libéralisme

Jacques Chirac a eu, tout au long de sa carrière, des positions variables sur le libéralisme. Profondément libéral lorsqu'il est Premier ministre en 1986, il prend ses distances en devenant président de la République.

« On ne peut pas laisser tout le monde vendre n'importe quoi au motif qu'il y a un profit. »

1999

« C'est ça le libéralisme : des cartons pour les pauvres, et rien d'autre. »

1997

« Je ne crois pas au libéralisme qui est, à mon avis, une forme de déviance. »

2007

« La petite exploitation est un élément essentiel pour notre société qui veut conserver un style libéral. Notre option fondamentale est la défense systématique de la petite exploitation familiale. »

1972

Liberté

« À partir du moment où l'initiative individuelle est muselée, où le choix personnel des individus est supprimé, où tout est préétabli dans une vision totalitaire de la société par des règles fixes venues d'en haut et s'imposant à tous, il n'y a peut-être plus de risques au sens où nous l'entendons, mais il n'y a plus non plus de liberté. »

1975

« La liberté peut être détruite aussi bien par la mainmise de l'État que par la démission de l'autorité. Elle s'évanouit et meurt là où l'État n'est plus capable d'assurer à tous les citoyens la sécurité dans leur vie quotidienne face aux violences, aux agressions du monde moderne, aux excès des minorités destructrices. »

Discours d'Égletons, 3 octobre 1976

« La liberté se conquiert… Mais la liberté se défend aussi, et nul ne doit l'oublier. »

Rennes, 4 décembre 1998

« Quand on veut défendre les libertés, on est bien obligé de constater que l'on va à contre-courant de l'Histoire. »

À l'Assemblée nationale, 15 juin 1977

« La liberté est beaucoup plus ancrée dans la culture de droite que dans celle de gauche. »

1992

« J'aime trop la liberté et la mienne pour ne pas respecter celle des autres. »

1975

Loi

« Toujours plus nombreux, les textes de loi sont aussi plus bavards, au risque d'en devenir inconsistants. »

1999

« La loi est, en réalité, ce qui fait vivre une société. C'est pour cela qu'il est essentiel de connaître ses droits et ses devoirs. »

Congrès des conseils d'enfants et de jeunes,
28 octobre 2002

M

Maastricht (traité de)

Une fois de plus à contre-courant de son propre parti, le RPR, Jacques Chirac milita en faveur du oui lors du référendum sur le traité de Maastricht.

« Le traité ne nous paralyse pas, il laisse les gouvernements libres de faire ce qu'ils veulent sauf des bêtises. L'harmonisation économique et monétaire est un code de la route pour ne pas tomber dans le ravin. Pour combattre les crises monétaires, il faut plus d'Europe, pas moins. »

1992

« Si le non l'emporte, l'Europe sera cassée. [...] Nous n'avons pas le droit de déstabiliser l'Europe, nous n'avons pas le droit d'isoler la France et d'en faire, en quelque sorte, le mouton noir de l'Europe. »

27 août 1992

Mai 1968

« Sans doute, au même âge, eussé-je rejoint les étudiants de 68. Comme eux, j'ai mal vécu mon époque et ressenti l'incompréhension des adultes. »

Mémoires I – Chaque pas doit être un but, 2009

Majorité (politique)

« La majorité, c'est une cathédrale. Dans la nef, au milieu, les fidèles, les croyants. Tout autour, les chapelles, celles des centristes et des giscardiens. Dehors, sur le parvis, les fidèles potentiels, ceux qui s'interrogent. »

1977

Malraux (André)

Jacques Chirac a côtoyé André Malraux dans le gouvernement de Georges Pompidou, et les deux hommes travaillèrent ensemble.

« J'avais une immense admiration pour Malraux, mais je le considérais comme un fumiste sur l'art asiatique !… C'était un homme extrêmement intelligent, un esprit très rapide… C'était le seul personnage qui, assis à la droite du général de Gaulle pendant les Conseils des ministres, s'endormait avec élégance sans que le Général lui dise rien. »

2007

« Vous êtes l'homme de l'inquiétude, de la recherche, de la quête, celui qui trace son propre chemin. […] Nul solitaire, André Malraux, n'a chanté mieux que vous ce qui unit les hommes au point de donner à leur vie, même fugitivement, sens et direction. »

Transfert des cendres d'André Malraux au Panthéon, 23 novembre 1996

Mandela (Nelson)

« Cet homme aux allures de prince. »

Mémoires II – Le Temps présidentiel, 2011

Manger

« Quand tu es en déplacement, il ne faut jamais perdre une occasion de bouffer, de pisser, de baiser. »

Cité par Roselyne Bachelot, qui fut sa ministre

« Dans une campagne électorale, quand vous voyez un buffet, il faut manger. Quand vous voyez des toilettes, il faut y aller. »

Libération, 27 mars 1995

« Les sandwichs ultrafrais, c'est une affaire qui va aller de l'avant. J'aime beaucoup les sandwichs ! »

Arras, 1996

« Je n'ai pas le choix. Je suis condamné à bouffer sans arrêt. Quand j'ai faim, ce qui m'arrive plusieurs fois par jour, je deviens agressif, et même hargneux, alors j'essaie de fermer ma gueule le temps qu'il faut, et puis je vais manger un morceau vite fait pour retrouver ma bonne humeur. »

2006

MÉMOIRE

« La connaissance du passé, parce qu'elle permet de rendre justice aux victimes de l'Histoire, ne peut que servir l'approfondissement de notre concorde nationale. Ce devoir de vérité trouve son prolongement naturel dans un devoir de reconnaissance. »

25 septembre 2001

« Ce que l'homme a de plus cher, c'est sa mémoire, c'est son histoire, ce sont ses racines, ses traditions, les valeurs de ses aînés, c'est-à-dire tous ses repères intimes sans lesquels il se sent frustré et malheureux. »

Reconnaissant le Nunavut, la nation des Inuits,
6 septembre 1999

MENDÈS FRANCE (PIERRE)

« C'était à mes yeux le seul qui ait pensé et conçu un diagnostic et des remèdes pour le mal français. »

1978

Mensonge

« Plus c'est gros et mieux ça passe. »

« Le mensonge est une pratique détestable contre laquelle nos démocraties occidentales sont largement protégées, grâce, notamment, à l'action de la presse. »

Le Point, 30 avril 1988

« Je n'ai aucune intention, je dis bien aucune intention, ceci doit être bien clair, d'assumer les fonctions de Premier ministre de monsieur Mitterrand, et aucune vocation à le faire. »

1985

« Ceux qui me connaissent savent que je ne mens jamais. Par omission, peut-être, mais pas autrement. »

1976

Mer

« Les Français aiment la mer, mais ils la connaissent mal. »

Une nouvelle France, 1994

Messmer (Pierre)

« Je pousse Messmer comme un Russe au Congo. »

À la journaliste Michèle Cotta, pour obtenir
le renvoi de Chaban-Delmas et son remplacement
par Messmer, juin 1972

« Je crois que le courage, le courage physique, est une vertu qui compte. Face au danger, il n'y a que deux catégories de personnages : ceux qui détalent comme des lapins, la grande majorité, et ceux qui font face, la petite minorité. Messmer appartient sans aucun doute à la seconde catégorie. »

1983

MÉTHODE (DE TRAVAIL)

« Les moyens ne sont jamais adéquats quand le but est mal défini. »

La France pour tous, 1995

« Pour être plus précis, j'ai besoin de m'apercevoir de mes faiblesses. »

1994

« Personne ne pense que je réfléchis. Donc je ne fais que cela. »

1994

« On ne peut pas à la fois gérer les affaires et réfléchir. »

1994

MINISTRE (PREMIER)

« J'accepte… Mais il est possible que vous le regrettiez »

Alors qu'il est nommé Premier ministre
par le nouveau président de la République,
Valéry Giscard d'Estaing, 27 mai 1974

« Je te plains. Je suis venu deux fois dans cet hôtel Matignon, et la seconde fois n'a pas été la pire. »

À Michel Rocard qui lui succède en 1988

MITTERRAND (FRANÇOIS)

« C'était un homme très intelligent et cultivé, pas du tout comme moi… »

2007

« C'était un homme vraiment malin, il essayait bien de manipuler un peu son monde, mais tous les hommes politiques sont ainsi faits, il n'y a pas d'exceptions. »

2007

« Moi, je ne vois pas tout le temps la main de Mitterrand dans la culotte de ma sœur. »

Pendant la première cohabitation (1986-1988)

Réponse de Mitterrand :

« Je ne savais pas qu'il avait une sœur… »

« Méfie-toi de Mitterrand. C'est quand il te sourit qu'il a le poignard le plus solide dans la main. »

À Michel Rocard, qui lui succède au poste de Premier ministre, 1988

« Son besoin de rester à l'Élysée est plus fort que sa haine de la cohabitation. »

1992

« Monsieur Mitterrand est un homme qui dit beaucoup de choses et qui, souvent, en fait d'autres. »

« Les situations équivoques conviennent à M. François Mitterrand comme le deuil sied à Électre. »

1977

« Ma situation est singulière, car j'ai été l'adversaire du président François Mitterrand. Mais j'ai été aussi son Premier ministre, et je suis, aujourd'hui, son successeur. Tout cela tisse un lien particulier, où il entre du respect pour l'homme d'État et de l'admiration pour l'homme privé qui s'est battu contre la maladie avec un courage remarquable, la toisant en quelque sorte, et ne cessant de remporter des victoires contre elle. »

Au soir de la mort de François Mitterrand, 8 janvier 1996

Mobilité (question de)

« Bientôt, les bébés-éprouvettes emprunteront les autoroutes de l'information ! »

La France pour tous, 1995

Modèle de société

« Les idéaux qui ont présidé à la rédaction du Code civil n'ont donc rien perdu de leur actualité. Nous avons besoin d'un droit accessible à tous les citoyens, d'un droit qui permette à notre modèle de société de s'affirmer dans le monde d'aujourd'hui. »

Colloque organisé pour le bicentenaire du Code civil, 11 mars 2004

« On ne bâtit pas une réussite économique sur les décombres d'une collectivité socialement éclatée. »

Durant la campagne présidentielle de 1995

« Une politique n'est pas seulement une addition d'actions ponctuelles si importantes soient-elles, mais la traduction d'une vision globale du monde, de notre siècle, de notre pays, de notre société. »

Nice, 15 juin 1975

« Je crois que la dignité du travailleur implique la mise en œuvre, non plus d'une notion d'assistance, qui me paraît périmée, comme celle de chômage, mais de la notion de solidarité professionnelle et de solidarité nationale au service d'une période de transition, qui risque de toucher le travailleur et qui touchera naturellement le travailleur dans le déroulement normal de sa carrière. »

1967

Mollet (Guy)

« Le molletisme est un mouvement alternatif du mollet droit et du mollet gauche, qui permet d'affirmer que le socialisme est en marche. »

À propos de l'ancien président socialiste du Conseil, *Mémoires I – Chaque pas doit être un but*, 2009

Monde arabe et Proche-Orient

Passionné par le monde arabe, Jacques Chirac fut sur ce point fidèle à la tradition gaulliste. Il prit des positions courageuses à propos de la question du Proche-Orient, acquérant ainsi une certaine popularité dans le monde arabe.

« La France et l'Europe, par leur géographie, par leur histoire, par leur culture, fécondée par des siècles de découvertes et d'échanges avec le monde musulman en particulier, ont une vocation particulière dans ce dialogue avec le monde arabe. [...] L'Europe a tant à partager avec le monde arabe ! Parce que son modèle social, en conjuguant prospérité et solidarité, peut inspirer les sociétés arabes, qui aspirent au développement dans la fidélité à leur culture ; parce que l'unité européenne démontre chaque jour qu'un millénaire d'affrontements peut, par la force de la volonté, le céder à l'aventure commune. »

Abu Dhabi, avril 2004

« Rien ne peut être résolu unilatéralement et par la force. Les peuples sont réfractaires aux solutions imposées. »

Barcelone, février 2006

« L'objectif doit être, en tout état de cause, la création, aux côtés d'Israël, d'un État palestinien viable. »

« Vers Jérusalem, ville trois fois sainte, l'humanité entière tourne ses regards. Je comprends la passion qu'elle suscite. Sa sainteté pour les musulmans et les chrétiens comme pour les juifs est indissociable de son existence en tant que cité. Il convient donc de préserver sa pluralité pour qu'elle conserve son identité unique. La solution de Jérusalem ne saurait être uniquement religieuse ni nationale. »

Devant le Conseil législatif palestinien,
Ramallah, 1995

« L'amitié franco-algérienne se passera donc de traité. Ce qui est peut-être pour elle la meilleure façon de se poursuivre. »

Mars 2003

MONDIALISATION

« À la faveur de la mondialisation, l'humanité entrevoit, d'un côté, la possibilité de son unité, rêve séculaire des utopistes, devenu aujourd'hui la promesse de notre destin. Mais, dans le même temps, la standardisation gagne du terrain, avec le développement planétaire de la loi du marché. »

Inauguration du musée du quai Branly,
20 juin 2006

« La mondialisation est un nouveau visage de l'aventure humaine. »

Libération, 22 mars 2002

« Je ne suis pas de ceux qui magnifient le passé et qui voient dans la mondialisation la source de tous nos maux. »

À l'Unesco, 15 octobre 2001

MORALE

« On rétablira la morale publique, pas seulement en donnant l'indépendance au juge. On la rétablira en réhabilitant l'éducation civique. »

12 décembre 1996

N

Nation

« Pour moi, la nation n'est pas une entité close, refermée sur elle-même. Elle a vocation à évoluer sans cesse, à s'enrichir de toutes les diversités, à emprunter à tous les univers et à toutes les traditions, pourvu qu'elle n'oublie jamais ce qui la rassemble. »

Discours à la Grande Mosquée de Paris, 9 avril 2002

« Au-delà de l'État, la nation française, c'est avant tout une communauté de citoyens, une communauté de destins. »

1998

« L'appel que je lance à mon tour n'est que l'écho de l'éternel appel des nations qui ne veulent pas mourir. »

Fondation du RPR, 5 décembre 1976

Nature

« Je suis déterminé et optimiste, c'est ma nature. »

1985

« Au regard de l'histoire de la vie sur terre, celle de l'humanité commence à peine. Et, pourtant, la voici déjà, par la faute de l'homme, menaçante pour la nature, et donc elle-même menacée. L'homme, pointe avancée de l'évolution, peut-il devenir l'ennemi de la vie ? Et c'est le risque qu'aujourd'hui nous courons par égoïsme ou par aveuglement. Il est apparu en Afrique voici plusieurs millions d'années. Fragile et désarmé, il a su, par son intelligence et ses capacités, essaimer sur la planète entière et lui imposer sa loi. Le moment est venu pour l'humanité, dans la diversité de ses cultures et de ses civilisations, dont chacune a droit d'être respectée, le moment est venu de nouer avec la nature un lien nouveau, un lien de respect et d'harmonie, et donc d'apprendre à maîtriser la puissance et les appétits de l'homme. »

Johannesburg, 2 septembre 2002

« La protection de la nature en général, et du littoral en particulier, ne doit jamais perdre de vue la cause de l'emploi. À quoi servirait d'ailleurs de conserver, si l'on ne conservait que des déserts, sans perspective ni avenir ? La nature a besoin de l'homme. Un homme actif, un homme au travail.

Car la nature, dans un pays aussi anciennement peuplé que le nôtre, c'est aussi une culture, ce sont des métiers. »

20e anniversaire du Conservatoire de l'espace littoral et des rivages lacustres, Rochefort, 10 juillet 1995

NETANYAHOU (BENYAMIN)

« Il ressemble à un de ces gardes du corps dont sont habituellement flanquées les personnalités israéliennes : épaules carrées, cheveux courts, démarche rapide et décidée, ton péremptoire. »

Mémoires II – Le Temps présidentiel, 2011

NUCLÉAIRE (ESSAI)

« Le moment est venu pour la France d'arrêter une décision définitive dans le domaine de ses essais nucléaires. [...] C'est à l'automne 1996 que va arriver à terme et à signature le traité international portant interdiction de tout essai nucléaire, et la France a bien l'intention de signer sans réserve ce traité. Mais, pour ce faire, il fallait naturellement qu'elle soit en situation d'assurer à la fois la sécurité et la fiabilité de sa force de dissuasion, et qu'elle ait aussi la possibilité, comme l'ont d'autres pays, de passer à la simulation. »

Après avoir mené une dernière campagne d'essais nucléaires, Jacques Chirac ratifie en 1996 le traité d'interdiction complète des essais nucléaires (TICE)

O

Optimisme

« Le pessimisme ouvre la voie à tous les renoncements. »

La France pour tous, 1995

« Je dois être à peu près le seul à croire à mon étoile. »

1995, alors qu'il est distancé dans les sondages

« Je suis insensible à la haine, et tout aussi insensible au découragement. »

2007

« Je crois beaucoup à la chance, je crois à la chance que j'ai, et je suis convaincu que j'ai beaucoup de chance. »

2006

Orient

« [L'orientalisme] nous défend heureusement d'ériger en absolu les conceptions objectivées par notre propre histoire comme si elles étaient la vérité. »

Discours prononcé lors de la visite du dalaï-lama à Paris, 6 octobre 1982

Outré

« Si ça ne s'arrête pas tout de suite, il va y avoir des pédés qui vont le regretter ! »

À Joël Le Theule, secrétaire d'État chargé de l'Information, à propos des ragots salissant Georges Pompidou dans le cadre de l'affaire Markovic, septembre 1968

P

Paix

« C'est par la tolérance que l'on enracinera la paix dans le cœur de l'humanité. »

2005

« Je vous exhorte à faire triompher les forces de la vie sur les forces de la mort. Le monde vous regarde. Le monde vous attend. »

Février 1999, conférence de Rambouillet
sur le règlement du conflit au Kosovo

Paris

En décidant d'être candidat à la mairie de Paris, Jacques Chirac suscite immédiatement les attaques des proches du président de la République, Valéry Giscard d'Estaing, dont le candidat est Michel d'Ornano.

« À les entendre, je mets en danger la Vᵉ République, je compromets gravement le plan de redressement économique, je lance un défi inouï au chef de l'État. Personne n'a encore dit que je mettais en cause ou que je risquais de bouleverser l'équilibre du monde, mais, au train où nous allons, cela ne va pas tarder. »

1977

« Je viens dans la capitale de la France parce que, dans notre histoire, depuis la révolution de 1789, chaque fois que Paris est tombé, la France a été vaincue. »

mars 1977

« J'ai essayé de faire des choses pour servir Paris. Pas des choses extraordinaires, mais enfin : la seconde fois, si j'ai gagné dans tous les arrondissements, ça veut dire que les gens n'étaient pas si mécontents. »

2007

PARTI SOCIALISTE

« Parti ramasse-tout, parti des mécontents et des hésitants, il n'est aujourd'hui qu'un conglomérat hétérogène et ambigu. »

Colombes, 3 juin 1977

PASSION

« La passion, ça ne se décrète pas, ça se renforce avec l'expérience. »

2006

Patrons

Très ami avec de grands patrons, notamment François Pinault, ancien président du groupe Pinault-Printemps-La Redoute, Jacques Chirac a cependant eu des mots très sévères à leur égard.

« Ce sont des graines de pétainistes. Ils sont toujours pour l'abdication et la dévaluation. »

2006

« Moralement, les patrons français sont vraiment des pauvres types. Ils me font pitié, avec leur sébile, toujours à mendier des subventions en rasant les murs. »

1991

Peine de mort

« J'ai toujours été hostile à la peine de mort, estimant qu'en aucun cas elle ne saurait constituer un acte de justice. Personne, selon moi, n'est en droit de porter atteinte à la vie humaine. J'ai beaucoup regretté qu'on ait tant tardé à prendre une telle décision. Mais celle-ci ne pouvait venir que du chef de l'État, seul détenteur du pouvoir de gracier ou non un condamné. Si j'avais été élu président de la République en mai 1981, c'est une des premières mesures que j'aurais tenté de faire adopter, mais avec moins de facilité, sans doute, que François Mitterrand. Peut-être n'aurais-je pas été suivi par ma propre majorité, si j'en juge par le grand nombre de parlementaires de droite et du centre à s'être prononcés, le 17 septembre 1981, contre l'abolition. »

Mémoires I – Chaque pas doit être un but, 2009

PEUPLE

« Le peuple n'est pas un vain mot. »

La France pour tous, 1995

« Notre peuple, dont c'est la grandeur d'être rebelle à la contrainte, a quelquefois besoin qu'on l'exhorte. Alors il se rappelle son passé, et il étonne le monde. »

Fondation du RPR, 5 décembre 1976

PHILOSOPHE

« Il faut prendre la vie comme elle vient. »

1983

PHOTOGRAPHIE

« Clic-clac, merci Kodak ! »

PITIÉ

« Il ne faut pas blesser une bête : on la caresse ou on la tue. »

Mémoires I – Chaque pas doit être un but, 2009

« On ne pleure pas sur le lait renversé. »

1995

Plébiscite

« J'ai entendu et j'ai compris votre appel pour que la République vive, pour que la nation se rassemble, pour que la politique change. Tout, tout dans l'action qui doit être maintenant conduite devra répondre à cet appel et s'inspirer d'une exigence de service et d'écoute pour chaque Française, pour chaque Français. [...] Votre choix d'aujourd'hui est un choix fondateur. Ce choix m'oblige comme il oblige chaque responsable de notre pays. Chacun mesure bien, à l'aune de notre histoire, la force de ce moment exceptionnel. »

Lors de sa réélection à 82,2 % face à Jean-Marie Le Pen, au soir du 6 mai 2002

Poésie

Jacques Chirac fut un grand amateur de poésie, ce que le public ignora.

« Mon image de marque, même pour mes proches, ne m'accorde pas le droit d'aimer les poètes. »

1983

« Toutes les poésies et toutes les religions formulent un certain refus de la condition terrestre. »

2005

« Le rêve est une des dimensions essentielles de l'existence, et la poésie permet ce rêve. »

À Bernard Pivot, *Paris Match*, avril 1998

Poisson

« Le poisson pourrit par la tête, le présent par l'avenir. »

La Lueur de l'espérance, 1978

Politique

« La politique, c'est l'art de rendre possible ce qui est nécessaire. »

1995

« La politique, ça ne consiste pas à suivre le courant, mais à indiquer le cap. »

« La politique, c'est comme tout : c'est un métier, cela s'apprend, cela ne s'improvise pas. »

France 2, 10 mars 1997

« Je voudrais rappeler que la politique, dans une démocratie, c'est l'honnêteté et le respect de l'autre. Que la politique, c'est défendre un idéal, c'est être au service de ses concitoyens. Que la fin ne saurait en aucun cas justifier les moyens. »

1998

« Quand on fait de la politique, il ne faut certes pas être trop bégueule, mais il y a des limites qu'on ne peut franchir sur le plan des principes. »

2007

« En politique comme dans la vie, il en va souvent ainsi : quand on n'a pas ce que l'on aime, il faut aimer ce que l'on a. »

« Tu as pris une claque, mais c'est formateur. J'en sais quelque chose... La vie politique n'est pas une suite de succès, mais une suite de réflexions sur la vie et sur soi-même. »

1997, à un député qui venait de perdre son siège après la dissolution de l'Assemblée

« Le monde politique est une jungle. »

1972

« La politique exclut vite les rêveurs ou les romanesques. Elle est l'expression d'une volonté et d'une espérance populaires, et les problèmes de personnes doivent, aux moments cruciaux, céder le pas au réalisme. »

1983

« Faut-il nommer un ministre en fonction de sa compétence ou d'un équilibre politique ? »

Réponse de Jacques Chirac : « Le ministre de la Marine ne sait pas forcément nager. »

1986

Politique internationale

« En matière de politique internationale, on ne retient mes propos que si je dis une connerie. »

Le Nouvel Observateur, 18 avril 1991

« J'ai un principe simple en politique étrangère : je regarde ce que font les Américains, et je fais le contraire. Alors je suis sûr d'avoir raison. »

2006

« Le monde n'est pas le palais de Dame Tartine. »

La Lueur de l'espérance, 1978

Polynésie

« La Polynésie, c'est bon pour la mine. Et pour le crayon ! »

2003

Pommes

« J'aime beaucoup les pommes. Je suis un mangeur de pommes. Et puis j'ai trouvé que c'était joli… »

Justifiant le choix de son logo de campagne, 1995

Pompidou (Georges)

L'ancien président de la République, mort en 1974, fut le véritable mentor politique de Jacques Chirac.

« Je ne serais pas tout à fait celui que je suis si la vie ne m'avait pas réservé la grâce de cette rencontre. »

La Lueur de l'espérance, 1978

« Pour nous, ses collaborateurs et ses amis, qui lui portions admiration et affection, c'est un maître que nous perdions. Un maître en esprit. Un maître en sagesse. Un maître en courage. Un maître dans l'action. Un homme d'exception, dont l'exigence intellectuelle et morale nous obligeait tous à donner le meilleur de nous-mêmes. Nous avions désormais le devoir de poursuivre l'œuvre inachevée. Pierre Messmer dit un jour de Georges Pompidou qu'il était un inventeur. Il était aussi, je crois, un bâtisseur. Parce qu'il avait le goût de l'aventure et de la découverte, celui des chemins de traverse et de l'inédit. Parce que, en esprit libre, il avait en horreur le conformisme des préjugés et l'uniformité de la pensée. »

30e anniversaire de la mort de Georges Pompidou,
au Centre Pompidou, 2 avril 2004

« Rares, parmi les hommes politiques, sont ceux qui savent se dégager de leur ambition personnelle et se contraindre jusqu'à incarner l'âme et la destinée de la nation. Georges Pompidou a été de ceux-là. »

Mémoires I – Chaque pas doit être un but, 2009

« Le pompidolisme, comme le gaullisme, c'est une attitude. »

1993

Poniatowski (Michel)

« Gros cul, il fait péter l'emmerdomètre. »

2006

« Un fasciste. »

1976

« Il a été le mauvais génie de ma relation avec lui [Valéry Giscard d'Estaing]. »

2007

Porte

« On ne peut pas mettre tout le monde à la porte, sous peine de se retrouver seul. »

Paris Match, avril 1998

Porte-avions

« Les porte-avions, c'est comme les gendarmes, cela doit marcher par deux. »

1998

PORTRAIT

« Se définir en une demi-minute est probablement le seul exercice qui ne soit pas à la portée d'un homme. »

1987

« Je ne suis pas exhibitionniste, et je considère que même un homme politique peut avoir son jardin personnel qui ne soit pas ouvert à tous les vents. Alors je me suis bâti, c'est vrai, quelques moyens de protection. »

« Je sais que j'ai une gueule de droite, mais on ne peut pas se refaire. »

1990

POSITIONNEMENT

« Moi, je vais à droite et à gauche – plutôt à droite qu'à gauche. »

Décembre 1985

POSTÉRITÉ

Que laissera Jacques Chirac à la postérité ? Laissons-lui sur ce sujet la parole…

« Restons modeste. Ceux qui laissent quelque chose, ce sont les grands artistes, les grands penseurs ou les grands scientifiques. Rarement les hommes politiques. »

2004

« Chacune de nos actions finit par avoir une conséquence sur l'ensemble de l'humanité. C'est l'histoire du battement d'aile du papillon. »

2004

Pouvoir

« Le pouvoir ne se partage pas. »

1986

« Le pouvoir change les hommes. »

À propos d'Édouard Balladur, 1994

« On ne délègue pas un pouvoir qu'on n'entend pas assumer soi-même. »

Orléans, 16 décembre 1977

Président de la République

« Je n'ai jamais visé une telle promotion, mais j'ai probablement fait tout ce qu'il fallait faire pour qu'elle ait lieu. »

2007

« Tous ces types qui veulent devenir Président, je les plains bien sincèrement. On vit une époque impossible. »

1998

« Le président de la République n'est pas un citoyen comme les autres dans notre pays, comme dans aucune démocratie. »

14 juillet 2001, interview télévisée

Prévoir (c'est gouverner ?)

« Les prévisions sont difficiles, surtout lorsqu'elles concernent l'avenir. »

Février 1993

Privilèges

« Nous sommes une société de privilèges, pas de transparence. Mais il faut la prendre telle qu'elle est. Chacun ses privilèges… »

1995

Prophète

Qu'il s'agisse de l'Irak ou de la Chine, Jacques Chirac peut apparaître aujourd'hui comme un prophète. Ainsi à propos de la guerre en Irak :

« Si elle a lieu, les grands vainqueurs de cette guerre seront les terroristes et les champions du choc des civilisations. Les Américains ne se rendent pas compte de la puissance, dans une grande partie du monde, de l'antiaméricanisme et de l'antioccidentalisme. En attaquant l'Irak, ils déclencheront un mouvement dont ils n'ont pas idée. »

À un journaliste avant le début de la guerre en Irak, 2003

« La Chine sera dans vingt, vingt-cinq ans, la première puissance politique, économique, militaire et démographique. »

2006

Protection sociale

« Une société qui n'assure pas l'avenir de sa protection sociale en faisant à temps les réformes nécessaires se condamne à accepter l'injustice. Ne pas réformer, ne pas évoluer, ne pas s'adapter, ce serait laisser l'inégalité s'installer dans la République et le pacte républicain se déchirer. »

37e Congrès de la Mutualité française, 12 juin 2003

Pschitt

« Ce n'est pas qu'elles se dégonflent, c'est qu'elles font pschitt… »

À propos des affaires sur ses voyages, 14 juillet 2001

Q

Quai Branly (musée du)

Comme tous les présidents de la République, Jacques Chirac fut un bâtisseur. Le musée du quai Branly ou « musée des Arts et Civilisations d'Afrique, d'Asie, d'Océanie et des Amériques », conçu par l'architecte Jean Nouvel, demeure la principale contribution de Jacques Chirac à l'architecture contemporaine française.

« Alors que le monde voit se mêler les nations, comme jamais dans l'Histoire, il était nécessaire d'imaginer un lieu original qui rende justice à l'infinie diversité des cultures, un lieu qui manifeste un autre regard sur le génie des peuples et des civilisations d'Afrique, d'Asie, d'Océanie et des Amériques.

« Au cœur de notre démarche, il y a le refus de l'ethnocentrisme, de cette prétention déraisonnable et inacceptable de l'Occident à porter, en lui seul, le destin de l'humanité. Il y a le rejet de ce faux évolutionnisme qui prétend que certains peuples seraient comme figés à un stade antérieur de l'évolution humaine, que leurs cultures dites primitives ne vaudraient que comme objets d'étude pour l'ethnologue ou, au mieux, sources d'inspiration pour l'artiste occidental.

« Ce sont là des préjugés absurdes et choquants. Ils doivent être combattus. Car il n'existe pas plus de hiérarchie entre les arts et les cultures qu'il n'existe de hiérarchie entre les peuples. C'est d'abord cette conviction, celle de l'égale dignité des cultures du monde, qui fonde le musée du quai Branly. »

20 juin 2006

QUINQUENNAT

Initialement réticent à l'égard de la modification du mandat présidentiel, Jacques Chirac finit par s'y rallier.

« Avec le septennat nous avons un système souple, original. Avec le quinquennat, c'est un système tout à fait différent qui, normalement, débouche sur un régime présidentiel. [...] Je n'approuverai pas le quinquennat sous une forme ou sous une autre. »

14 juillet 1998

« J'ai beaucoup réfléchi [...], et j'en ai conclu qu'on pouvait aujourd'hui raccourcir le mandat présidentiel sans arrière-pensées et sans changer nos institutions ; et, à partir de là, j'y deviens naturellement favorable. »

Juillet 2000

Septennat ou quinquennat, Jacques Chirac ne quitta le pouvoir qu'à contrecœur… Avant de s'y résoudre.

« Pourquoi un seul nouveau mandat ? Cette idée de vouloir me limiter est contrariante et agaçante. »

À la fin du second mandat, 2005

R

Raccourcis

« Je simplifie, mais il faut toujours simplifier les choses pour mieux les comprendre. »

1987

« Plus grosse est la ficelle, plus la machine fonctionne. »

1986

Racisme

« Quand à nos portes, ici même, certains groupuscules, certaines publications, certains enseignements, certains partis politiques se révèlent porteurs, de manière plus ou moins ouverte, d'une idéologie raciste et antisémite, alors cet esprit de vigilance qui vous anime, qui nous anime, doit se manifester avec plus de force que jamais. »

Hommage à la rafle du Vel'd'Hiv, 16 juillet 1995

« Le refus du racisme et de l'antisémitisme, la défense des droits de l'homme, la primauté de la justice : toutes ces valeurs font aujourd'hui partie de notre héritage. Elles peuvent nous sembler acquises. Mais il nous faut être toujours extrêmement vigilants : le combat contre les forces obscures, l'injustice, l'intolérance et la haine n'est jamais définitivement gagné. »

Cérémonie nationale organisée à l'occasion
du centenaire de la réhabilitation d'Alfred Dreyfus,
12 juillet 2006

« Rien ne peut justifier le développement de la pensée raciste. »

Antilles, avril 1995

« Il y a une chose qui me ferait prendre les armes et descendre dans la rue : c'est le racisme. »

1987

« Le racisme, d'où qu'il vienne, est un crime du cœur et de l'esprit. Il abaisse, il salit, il détruit. »

2006

« Moi, personne ne m'a jamais reproché d'être xénophobe, ou d'être raciste. Car ce sont des sentiments qui ne sont pas naturels chez les Français, et qui n'ont absolument aucune raison de l'être dans un pays comme le nôtre. Mais je dirais que l'évolution que nous avons connue récemment conduit un certain nombre de nos concitoyens à des sentiments de cette nature. Et si je ne peux pas l'admettre, je dis que je peux le comprendre. »

Marseille, 10 mars 1986

« Nous sommes dans une période où, incontestablement, nous voyons, notamment depuis quelque temps, des manifestations d'ordre raciste, qu'elles mettent en cause nos compatriotes juifs ou musulmans ou d'autres, tout simplement parfois des Français dans certains endroits, qui sont l'objet d'agressions au seul motif qu'ils n'appartiennent pas à telle ou telle communauté, ou qu'ils ne sont pas originaires de telle ou telle communauté C'est inacceptable. C'est le contraire même de notre pacte social. C'est le contraire même de la morale telle que nous y sommes attachés… »

14 juillet 2004

Raffarin (Jean-Pierre)

« Un homme carré dans un corps rond. »

2003

Rassembler

« Rassembler est un idéal. Les hommes sont divisés à l'intérieur d'eux-mêmes, comment ne le seraient-ils pas dans la vie sociale ? »

La France pour tous, 1995

Référendum

« Nous posons une question aux Français. Qu'ils y répondent. Ils répondent oui, c'est très bien, ils répondent non, c'est très bien. »

Lors du référendum sur le quinquennat, 5 juin 2000

« La décision qui est devant nous dépasse de très loin les clivages politiques traditionnels. Elle n'est ni de droite ni de gauche. Il ne s'agit pas de dire oui ou non au gouvernement. Il s'agit de votre avenir et de celui de vos enfants, de l'avenir de la France et de l'Europe. »

À propos du référendum sur le traité constitutionnel pour l'Europe le 29 mai 2005, qui fut rejeté par le peuple français

Réformer

« La réforme n'est pas une fin en soi, mais il y a des moments où elle devient indispensable pour préserver ce qui nous rassemble, ce qui cimente notre société. »

37e Congrès de la Mutualité française, 12 juin 2003

« Il faut comprendre que rien n'est plus préjudiciable à la réforme que les effets d'annonce intempestifs. On ne réforme pas en opposant les actifs aux inactifs, les salariés aux fonctionnaires, les patrons aux syndicats, les jeunes aux vieux, les villes aux campagnes… »

Le Point, 2 septembre 1995

« Les vraies réformes sont celles qui expriment l'évolution des mentalités, qui rencontrent le consentement populaire, et non pas celles qui divisent ou qui troublent la conscience nationale. Ce ne sont pas celles que, dans une agitation permanente, on égrène les unes après les autres comme s'il y avait une sorte de péché pour un gouvernement à ne pas publier chaque jour un train de mesures nouvelles. »

22 mars 1977

RÉGIONALISME

Malgré ses origines corréziennes, Jacques Chirac a toujours été un ardent défenseur du jacobinisme, mais respectueux des différences régionales.

« La France est une et indivisible. Certes, elle est faite de régions, de provinces, différentes les unes des autres, avec chacune ses habitants, ses coutumes, son histoire et parfois sa langue. [...] La France est diverse et c'est notre richesse. Mais il n'est qu'une France. Il n'est qu'un territoire national, soumis, partout, à la même loi et au même droit. »

Après l'assassinat du préfet Érignac à Ajaccio, février 1998

« La France doit garder et gardera une structure politique unitaire. »

1975

RÉPUBLIQUE

« La démocratie, c'est l'égalité des droits ; mais la République, c'est l'égalité des chances. »

Une nouvelle France, 1994

« La République ne transige pas quand l'âme même du peuple français est en question. »

Rennes, 23 avril 2002

« Tous les enfants de France, quelle que soit leur histoire, quelle que soit leur origine, quelle que soit leur croyance, sont les filles et les fils de la République. »

17 décembre 2003

« La République, ce n'est pas la dictature de la rumeur, la dictature de la calomnie. »

2006

RESPECT

« J'ai toujours respecté les hommes qui se battaient pour d'autres idées que les miennes. »

Mars 1978

« Nous ne construisons rien de durable sans le respect. Nous ne construisons rien de durable si nous laissons monter, d'où qu'ils viennent, le racisme, l'intolérance, l'injure, l'outrage. »

Déclaration sur le rétablissement de l'ordre public face aux violences urbaines, la politique d'intégration et la lutte contre les discriminations raciales, 14 novembre 2005

« Chacun doit être reconnu dans sa dignité, sans distinction d'origine, de religion ou de nationalité. »

Amnéville, 25 mars 2002

RESPONSABILITÉ

« Il est beaucoup plus important de sanctionner un responsable que de sanctionner quelqu'un qui a moins de raison d'être exemplaire. »

1996

« Jour après jour, j'ai mesuré ce qu'il y avait d'inconvenant à prétendre détenir une responsabilité qu'on n'était pas en mesure réelle d'exercer. »

1983

« Il peut y avoir des fautes. La faute est humaine. Dans une démocratie, la faute est inacceptable, surtout quand elle vient des responsables élus. Et, donc, elle doit être sanctionnée très fortement. Mais encore faut-il qu'elle soit prouvée. »

2000

Réunions internationales

« On s'y emmerde, et moi aussi j'y emmerde les autres. »

2006

Révolte

« Quand le peuple perd l'espoir, sa colère finit toujours par s'exprimer. »

La France pour tous, 1995

« Les grandes décisions ne peuvent être prises contre un peuple. »

400e anniversaire de l'édit de Nantes, 18 février 1998

« Les peuples en marche vers la démocratie se sont d'abord débarrassés des barons et des princes qui monopolisaient le pouvoir. »

Discours d'Égletons, 3 octobre 1976

Royaume-Uni

« Nos deux pays se sont beaucoup combattus, mais ils se sont aussi beaucoup emprunté. »

Sommet franco-britannique de Saint-Malo,
4 décembre 1998

Russie

On l'oublie souvent, mais à vingt ans, Jacques Chirac avait traduit en français Eugène Onéguine, *le roman en vers de Pouchkine. Grand partisan du rapprochement de l'Europe avec la Russie, Jacques Chirac estima que « sans la Russie, l'Europe serait mutilée ».*

« Cette Russie que j'aime, dont j'ai dans ma jeunesse appris la langue, découvert les grands auteurs, admiré le destin grandiose… Depuis, vous le savez, votre grand pays tient dans mon cœur et dans ma vie une place à part. »

Au Kremlin, 26 septembre 1997

« Je crois qu'en Russie il y a des gens sérieux et des gens qui ne sont pas sérieux. C'est de plus en plus la même chose en France. »

1997

« À mes yeux, c'était en réalité les deux faces d'une même Russie, l'une aussi sombre et énigmatique que l'autre peut se révéler turbulente et expansive. »

À propos de Vladimir Poutine et Boris Eltsine,
Mémoires II – Le Temps présidentiel, 2011

S

Santé

« Notre système de santé est bon. Il ne faut ni le bouleverser ni – certainement pas – en changer. »

37e Congrès de la Mutualité française, 12 juin 2003

Sarkozy (Nicolas)

Longtemps, Jacques Chirac considéra Nicolas Sarkozy comme son fils politique, en lequel, peut-être, il voyait le jeune loup qu'il fut lui-même au temps de Pompidou. Jusqu'en 1993. Car, après avoir soutenu Édouard Balladur, il fut banni. En privé, il ne n'économisa pas son fiel à l'égard du futur président de la République. Revenu en grâce dans le gouvernement Raffarin, en 2002, Nicolas Sarkozy entama son inexorable ascension. Jacques Chirac tenta de s'y opposer, en vain.

« C'est vrai qu'il les a longues, mais il faut qu'il se fasse encore les dents. »

À l'approche de l'élection présidentielle de 2002

« Quand on en aura besoin, on en aura besoin. »
Mars 1996

« La France, ce n'est pas seulement Auteuil-Neuilly-Passy. Elle se méfie toujours des types en blazer qui ont l'air de sortir du Racing Club. »
1999

« Celui-là, il faut lui marcher dessus : d'abord il ne comprend que ça, et en plus il paraît que ça porte bonheur. »
1996

« Il n'y a pas de différend entre le ministre des Finances et moi pour une raison simple, c'est que, notamment s'agissant de la Défense, je décide, et il exécute. »
Interview télévisée du 14 juillet 2004

« Sarkozy est très ambitieux et, comme il est très intelligent, il considère que tout doit être mis au service de ses objectifs. »
2007

SCHRÖDER (GERHARD)

Jacques Chirac incarna avec le chancelier allemand (1998-2005) une nouvelle page du couple franco-allemand. Il se méfia pourtant de lui lors de leur première rencontre.

« Sous ses dehors de grande franchise, je perçois aussi un négociateur habile, malin et pragmatique. Sachant ce qu'il pense réellement, je ne suis pas tout à fait dupe des assurances qu'il me prodigue. »

Mémoires II – Le Temps présidentiel, 2011

SECRET

« En politique, on a souvent l'avantage quand on agit par surprise. Mais, pour ça, il faut savoir cultiver le secret. Je crois beaucoup au secret. Ce peut être un atout considérable dans notre monde hypermédiatisé qui a l'obsession de la transparence. »

2002

« Le secret, c'est la meilleure et la pire des choses. La pire si l'on se referme sur soi. La meilleure quand on veut jouer l'effet de surprise. »

2003

SÉCURITÉ

Le thème de la sécurité traversa la carrière de Jacques Chirac, de mai 1968 à l'Élysée en passant par Beauvau, dont il fut, sous Pompidou, l'un des titulaires.

« La sûreté est au premier rang des droits de l'homme. »

2003

« La répression et la sanction ne sont pas les ennemies de l'État de droit. Elles sont au contraire ce qui garantit à toutes et à tous l'application de la loi. »

Cérémonie de sortie des gardiens de la paix
de la 197e promotion de l'École nationale de police
de Nîmes,
8 novembre 2004

« L'Histoire nous enseigne qu'une civilisation, pour garder la maîtrise de son destin, doit se donner les moyens de sa sécurité. »

1997

« Quand il n'y a pas de volonté, il n'y a pas d'actes. Donc c'est sans aucun doute la volonté qui a manqué, et l'autorité de l'État qui a fait défaut. »

À propos de la sécurité, 14 juillet 2001

« Toute agression, tout délit, doit être sanctionné au premier délit. C'est ce que l'on appelle la tolérance zéro. »

14 juillet 2001

Sécurité routière

« Nous ne saurions accepter que la route reste, au milieu de la civilisation, un îlot de barbarie et d'inconscience. »

1981

« Les drames sans images, sans visages, ont peine à atteindre la conscience collective. »

14 juillet 2001

« Les comportements les plus contraires à la sécurité routière doivent être dénoncés, et beaucoup plus lourdement sanctionnés. »

Salon mondial de l'automobile, 27 septembre 2002

« On ferait mieux d'utiliser ces forces et ces moyens à renforcer ce qui est indispensable, la sécurité dans les grandes villes ou dans les campagnes, et de laisser tranquille ce malheureux automobiliste qui est le support d'une industrie qui, par ailleurs, va mal, et qu'on aurait bien raison d'encourager. »

1981

SÉCURITÉ SOCIALE

« On creuse un trou pour en boucher un autre. C'est la politique du sapeur Camember. »

1981

SÉGUIN (PHILIPPE)

« Il détruit tout ce qu'il a patiemment construit. Séguin est intelligent. Il y a toujours de la place pour les gens intelligents. Mais il est difficile. Au gouvernement, il me flanquait sa démission tous les quatre matins… »

1992

Seine

« En 1994, [on pourra] se baigner de nouveau dans la Seine. Et je serai le premier à le faire. »

1988

Serrage de mains

Jacques Chirac est connu pour le contact qu'il avait avec les gens.

« On apprend toujours quelque chose quand on serre la main des gens. »

2007

« Regardez-moi ça. Encore une semaine de campagne, et elle aurait doublé de volume. En plus de ça, j'ai du mal à m'en servir. La série ininterrompue de traumatismes finit par détériorer les cartilages et les petits os du poignet. Beaucoup de gens ont la main agrippeuse, et ils écrasent ou broient volontiers la vôtre, avec les meilleures intentions du monde. »

1993

« Serrez des mains, encore des mains, travaillez au ras des pâquerettes. Les Français sont las des débats idéologiques. »

Conseil à ses amis politiques, *Le Monde*, 19 mai 1988

Service militaire

En 1996, Jacques Chirac a suspendu le service militaire.

« Nous n'avons plus besoin d'appelés, de gens faisant leur service militaire. »

1996

SIDA

« La lutte contre le sida n'est pas qu'une question de santé publique. Le sida nous rappelle tout le prix des valeurs de tolérance, de solidarité et de respect. La lutte contre le sida est un combat pour l'humanité, un combat pour la vie. »

1er décembre 2006

SILENCE

« À sotte question, point de réponse. »

SOCIAL-DÉMOCRATIE

« Je ne crois pas que la social-démocratie ait jamais apporté quoi que ce soit. On ne connaît pas un grand social-démocrate, une philosophie sociale-démocrate, une grande réussite historique sociale-démocrate. »

1983

SOCIALISME

Ami durant ses années d'études avec Michel Rocard, futur Premier ministre de François Mitterrand, Jacques Chirac se rapprocha brièvement des socialistes.

« J'ai flirté avec les socialistes… Je les trouvais trop conservateurs, trop à droite. »

1972

« Le socialisme est un système qui a pour vocation de donner le pouvoir à l'État contre l'individu. »

TF1, 16 novembre 1981

Bien des années plus tard, il n'hésita pas à agiter l'épouvantail d'une arrivée de la gauche et des socialistes au pouvoir.

« Si la gauche arrive au pouvoir, il n'y aura plus d'élections présidentielles à l'avenir ! »

« Le socialisme à la française est un rêve en miettes. »

À la tribune de l'Assemblée nationale, 23 juin 1982

« J'ai quand même bien niqué les socialistes ! »

Au soir de l'élimination de Lionel Jospin au premier tour de l'élection présidentielle, 21 avril 2002

SOCIÉTÉ

« On ne modifie pas la société par décret. »

Une nouvelle France, 1994

« Ce n'est pas la société qui est bloquée. Ce sont ses dirigeants. »

1994

« Un acquis est un acquis. »

2006

Sondages

« Les sondages sont fiables, mais manipulables. Cela pose un problème de démocratie. »

1994

« C'est excellent. Pensez à la jouissance du moment où ils remonteront ! »

Alors qu'Alain Juppé, Premier ministre, se plaignait de mauvais sondages, septembre 1995

« Je ne crois pas aux sondages, qu'ils soient bons ou mauvais. C'est ma grande différence avec Sarkozy. »

2007

Sous-vêtements

« J'emporte toujours deux ou trois Damart quand je pars en voyage. Je vais vous en passer un. »

À Dominique Strauss-Kahn, lors d'une visite d'État à New Delhi, 1998

Sport

« J'aime les barres parallèles : un bar rive droite, un bar rive gauche. »

2014

Statistique

« Faites attention, la statistique est toujours la troisième forme du mensonge. »

Le Nouvel Observateur, 16 juin 1980

Stratégie

« Il ne faut jamais valoriser ses adversaires. »

1987

« Il n'y a pas, en réalité, de changement autre que tactique. »

« Un modèle de ce qu'il ne faut pas faire en politique : perdre ses alliés politiques pour ne pas convaincre ses adversaires. »

À propos de la Nouvelle Société de Chaban-Delmas, sous la présidence de Georges Pompidou (1969-1974)

« Avec Matignon, tu es poli, mais tu t'en fous ; avec l'Élysée, tu es servile. »

« Si je veux espérer revenir un jour en grâce, je dois me faire oublier et me planquer avec un casque de maçon sur la tête, à cause des jets de boulons des petits copains, en attendant des jours meilleurs. »

Après la dissolution ratée de 1997

« On admet généralement que j'ai été le plus mauvais ministre de la Ve République. »

2007, commentant la période 1971-1972, où il fut ministre des relations avec le Parlement, poste où il ne brilla guère

SUFFRAGE UNIVERSEL

« Il y a une seule faute qui ne pardonne pas en démocratie, c'est d'oublier que ce sont les électeurs qui choisissent. »

1995

« Le peuple doit savoir à l'avance à quoi son vote l'engage. »

1983

SUMO

« Chaque fois que je participe à un sommet international qui se déroule durant un tournoi, je me flatte d'obtenir les résultats des matchs au moins une heure avant le Premier ministre nippon. »

2007

« Peut-être qu'en le pratiquant jeune j'aurais pu faire sumo. J'avais la taille nécessaire, et le poids, ça s'acquiert. »

L'Équipe, 28 janvier 1998

Surdité

« Je ne vais pas mettre ce truc dans mon oreille. J'entends très bien. Et puis ça me permet de ne pas entendre un tas de cons ! »

2015

Sympathique

« Je suis trop coulant, que voulez-vous… »

1993

« Je ne suis pas compliqué, je suis quelqu'un de simple. »

Syndicat

« J'aime la cogestion – pas de celle de la CFDT. »

1983

T

Tacticien

« Il faut cesser de faire plaisir à nos adversaires, et de déplaire à ceux qui nous soutiennent. »

1983

Tapie (Bernard)

« Les candidats populistes comme Tapie ne peuvent normalement pas devenir président de la République. »

1994

Technocratie

« La technostructure gouverne, les politiques font semblant de gouverner : ils ont démissionné. »

1994

Télévision

Jacques Chirac resta persuadé d'avoir été battu en 1988 sur son image lors, notamment, du débat télévisé où il avait été dominé par François Mitterrand.

« La télé m'a foutu en l'air. Il y a un problème entre les Français et moi. »

1988

« À la télévision, je suis mauvais, et je ne m'entraîne pas. C'est une infirmité. »

1994

« Qu'est-ce qui lui arrive à la 2 ? Faut faire chauffer l'appareil ! »

Alors que le journaliste d'Antenne 2 essayait de le joindre lors du second tour des élections législatives, 1981

TERESA (MÈRE)

« Ce soir, il y a dans le monde moins d'amour, moins de compassion, moins de lumière. Mère Teresa est morte, emportant avec elle sa ferveur et sa volonté, une volonté de vie qu'elle donnait aux mourants et qui s'appelle la grâce. »

Commentant la mort de Mère Teresa, 5 septembre 1997

TERROIR

« Pour moi, la France, c'est ce qu'on a sous ses semelles. »

2007

« J'aime sortir de la scène et de la vie politique pour, si j'ose dire, rentrer en France. »

1988

Terrorisme

Jacques Chirac a été confronté au défi terroriste, notamment en 1995. Il estimait tout aussi nécessaire de lutter contre les terroristes que de s'attaquer aux racines de ce fléau.

« La lutte contre le terrorisme international n'est pas seulement l'affaire des États-Unis. Elle concerne toutes les nations attachées à la liberté et à la démocratie. Elle exige une mobilisation dans tous les domaines, elle ne se limite pas à l'action militaire. »

À bord du porte-avions *Charles-de-Gaulle*,
1er juillet 2002

« Il constitue un révélateur des maux de son temps. Il est l'expression délirante de souffrances, de frustrations ou d'injustices. Lorsque la démocratie fait défaut, il usurpe le drapeau de la liberté. Lorsque la question sociale se pose avec acuité, il prend le masque de la justice et de la solidarité. Lorsqu'un pays est occupé par des forces étrangères, il s'approprie indûment le combat pour l'indépendance. Lorsqu'une communauté se sent bafouée, il prétend agir en son nom. »

New York, 2003

TESTICULE(S)

« On greffe de tout, aujourd'hui – des reins, des bras, un cœur… Sauf les couilles. Par manque de donneurs. »

2002

« C'est à se les prendre et à se les mordre. »

1995

« Mais qu'est-ce qu'elle me veut de plus cette ménagère… Mes couilles sur un plateau ? »

1988, lors d'un sommet européen où, en tant que Premier ministre, il côtoya le Premier ministre britannique, Margaret Thatcher

« Ça m'en touche une sans faire bouger l'autre. »

1987

TIMIDITÉ

« La timidité est l'un des patrimoines de l'homme. »

TRAHISON

A-t-il trahi ? Oui, avant d'être lui-même trahi… Mais tout n'est qu'une question d'appréciation.

« Quand on fait de la politique depuis longtemps, on sait bien qu'il faut être vigilant, avec toutes ces dagues dissimulées sous les plis des manches de ceux que vous croyez être vos amis. »

1995

« On ne trahit pas ce qui n'existe plus. »

2002

« Les gens veulent toujours rallier le vainqueur. Les trahisons me font un peu sourire. Moi, je n'ai pas du tout l'intention de me laisser manger la laine sur le dos. »

Alors que de nombreux membres du gouvernement rallient Édouard Balladur, janvier 1994

Travail

« Nous devons prendre conscience que le travail ne constitue plus, désormais, l'essentiel d'une vie. »

Arras, 1996

« C'est le travail, c'est la formation, c'est la recherche qui font la force des économies modernes. »

Déclaration sur les priorités de la politique gouvernementale, 31 décembre 2006

« Il y a des gens qui ont une intelligence très véloce ; moi, je suis un besogneux, je ne suis pas un rapide. »

2007

Hostile à l'origine à la réduction du temps de travail, Jacques Chirac se convertit vite à cette avancée sociale, qu'il perçoit ainsi :

« Un progrès social qui ne peut être remis en cause sous prétexte d'idéologie. »

2003

« L'aspiration naturelle à travailler moins devait être compatible avec la bonne santé de l'entreprise. »

Devant des chefs d'entreprise, 1997

TRAVERSÉE DU DÉSERT

Comme tous les grands hommes politiques, Jacques Chirac a connu sa traversée du désert, notamment en 1988, après sa cinglante défaite à l'élection présidentielle face à François Mitterrand.

« J'ai tout raté. Professionnellement, mon échec est patent. Quant à ma vie personnelle, c'est un naufrage. Il y a trente ans que je sacrifie ma famille pour devenir président de la République. Eh bien, j'ai échoué sur les deux tableaux. Je ne suis pas Président, et j'ai perdu ma famille. »

1988

U

UDF (Union pour la démocratie française)

« L'UDF, c'est comme le pâté, ça va réduire à la cuisson. »

À propos du parti nouvellement fondé
par le Président, Valéry Giscard d'Estaing, 1978

UDR (Union des démocrates pour la République)

Jacques Chirac devint secrétaire général du parti gaulliste qui contribua à la victoire de Valéry Giscard d'Estaing en 1974.

« Monsieur le Président, je vous apporte l'UDR sur un plateau. Naturellement, ce n'est pas pour que vous lui coupiez le cou. Je vous l'apporte pour qu'elle soit désormais avec ses pleins pouvoirs et devoirs dans votre majorité. »

1974

Usure (du pouvoir)

« Je suis dans le paysage depuis si longtemps que les Français en ont soupé de moi. Beaucoup ne peuvent plus me voir en peinture. C'est un peu normal. »

2006

« Quand j'ai été élu, j'avais trente-deux ans, et je suis entré tout de suite au gouvernement. Je suis resté ensuite tout le temps. Les gouvernements changeaient, moi, je restais avec les meubles. »

2006

« Quand on reste trop longtemps au pouvoir, dans nos démocraties, on finit toujours par être dégagé par un grand coup de pied au cul. »

1995

« Il faut savoir tirer la révérence avant la curée. »

V

Vache(s)

Ancien ministre de l'Agriculture, et en fréquentant assidûment les Salons, Jacques Chirac ne manqua jamais une occasion de faire l'éloge des vaches.

« Elles sont de plus en plus belles, les limousines. »

1998

« Ce ne sont pas des bovins, ce sont des chefs-d'œuvre ! »

Admirant des vaches de Salers, 2005

« On ferait mieux de parler moins de la vache folle, et plus de la presse folle. »

1996

Valeurs

« Rien n'est pire que l'affirmation de valeurs qui ne se traduisent pas dans la réalité. »

À l'occasion de l'installation de la Halde, 2005

« L'affaiblissement de la cellule familiale conduit à la destruction des valeurs essentielles de notre société. »

Discours devant l'UDR, un mois avant que son gouvernement fasse adopter la loi autorisant le divorce, juin 1975

Veau (tête de)

« Quant au bœuf royal, que j'ai goûté avec beaucoup de plaisir, permettez-moi de vous dire que, si l'on veut avoir un bœuf royal, il faut d'abord avoir un veau. Et comme tous les veaux, naturellement, ne peuvent pas devenir des bœufs, alors il faut bien aussi les manger. D'où l'importance de sauvegarder la tête de veau. »

À l'occasion d'une visite d'État au Royaume-Uni, 17 mai 1996

Veil (Simone)

« Je ne lui ai pas encore découvert de défaut, si ce n'est peut-être le seul défaut de ses qualités : une trop grande conscience. »

1975

Vélo (leçon de)

« Mobilité et stabilité ne sont pas antinomiques : un cycliste n'est stable sur sa bicyclette qu'en avançant. »

La France pour tous, 1995

Vengeance

« Je ne suis pas rancunier pour deux sous. »

1995

Pas si sûr…

Vent

« Être dans le vent, c'est un peu avoir un destin de feuille morte. »

Citant le philosophe Jean Guitton, 1994

Vie politique

« Dans la vie, il y a des hauts et des bas. Il faut surmonter les hauts, et repriser les bas. »

Saint-Étienne, janvier 1986

Villepin (Dominique de)

« Il est un excellent antidote à cet esprit courtisan où la servilité le dispute toujours au conformisme. »

À propos de son dernier
Premier ministre (2005-2007),
qui fut pendant longtemps son plus proche
collaborateur à l'Élysée
et, surtout,
son « meilleur chef de commandos »

« La cavalerie cavale, et celui-là est toujours sur la ligne de front. C'est mon meilleur dragon… »

2006

Villiers (Philippe de)

« Il est plus à droite que Le Pen, il est même contre les pauvres ! Villiers est comme Mitterrand : un être amoral. »

1992

Vingt et unième siècle

« C'est en fait à une véritable révolution culturelle à laquelle nous assistons. Cet engouement est plus qu'un effet de mode. Il est la conséquence d'une soif, d'une maturité du public, d'une société qui est devenue en quelque sorte une "société culturelle" tant la production, la diffusion, l'échange et la consommation de contenus culturels marquent aujourd'hui de leur empreinte les exigences individuelles de la vie sociale, et aussi de l'économie. »

Discours au Louvre, 10 avril 2001

Vision

« La préférence pour le présent et ses facilités a toujours un coût pour l'avenir. »

Février 2000

« Nous sommes au début du chemin, mais nous sommes sur le bon chemin. »

Vœux aux Français, 31 décembre 1995

« Je puise mon assurance dans la conviction que mon regard sur la société française est juste. »

Le Nouvel Observateur, 2 mars 1995

VOLAILLE

« La volaille qui crie le plus fort est celle dont on arrache les plumes. »

À l'intention des gaullistes critiquant la formation du RPR, 17 décembre 1976

VOLONTÉ

« Il faut montrer aux Français qu'ils sont gouvernés par des hommes qui ne se chipotent pas, qui ne se contestent pas. Nous avons la sérénité des forts. »

1975

VOTE (DROIT DE)

« Le droit de vote, ce n'est pas l'expression d'une humeur, c'est une décision à l'égard de son pays, à l'égard de ses enfants. »

2002, face à Jean-Marie Le Pen, entre les deux tours de l'élection présidentielle

VOYAGES

« N'importe comment, quoi qu'il arrive, je serai candidat à la présidence. Si je suis élu, tant mieux. Si je suis battu, tant pis, je resterai à la mairie de Paris et je ferai des voyages. »

1992

Z

Zoo

« Il câline les coléoptères. »

« Je crois qu'on est en train d'enculer des mouches qui ne nous demandent rien. »

« Ne poussez jamais le chat dans les recoins » (proverbe arabe).

Mémoires I – Chaque pas doit être un but, 2009

« Une vache ne retourne jamais deux fois de suite à l'abreuvoir. »

2007

Proverbe corrézien ?

« Un bouc se caractérise par quatre pattes, des sabots, des cornes, et quelques autres éléments dont je constate qu'ils sont réunis avec de fortes dimensions. »

Bibliographie

La plupart des citations mentionnées dans cet ouvrage sont puisées aux sources suivantes :

Ouvrages de Jacques Chirac :

Discours pour la France à l'heure du choix, Stock, 1978

La Lueur de l'espérance – Réflexion du soir pour le matin, La Table ronde, 1978

Une ambition pour la France, Albin Michel, 1988

Une nouvelle France, NiL, 1994

La France pour tous, NiL Éditions, 1995

Mémoires – Chaque pas doit être un but (tome 1), NiL Éditions, 2009

Mémoires – Le Temps présidentiel (tome 2), NiL Éditions, 2011

Ouvrages sur Jacques Chirac :

Thierry Desjardins, *Un inconnu nommé Chirac*, La Table ronde, 1983

Franz-Olivier Giesbert, *Jacques Chirac*, Le Seuil, 1987

Sylvie Pierre-Brossolette, *Carnets secrets*, Plon, 1996
Raphaëlle Bacqué et Denis Saverot, *Seul comme Chirac*, Grasset, 1997
Philippe Madelin, *Jacques Chirac – une biographie*, Flammarion, 2002
Franz-Olivier Giesbert, *La Tragédie du Président*, Flammarion, 2006
Pierre Péan, *L'Inconnu de l'Élysée*, Fayard, 2007
Michèle Cotta, *Cahiers secrets de la Ve République* (4 tomes), Fayard, 2007-2010
Jean-Louis Debré, *Le Monde selon Chirac*, Tallandier, 2015

DOCUMENTAIRES :
Karl Zéro, *Dans la peau de Jacques Chirac*, 2005
Patrick Rotman, *Chirac, le jeune loup (1932-1981)* et *Chirac, le vieux lion (1981-2006)*, 2006

SITES INTERNET :
L'association Jacques Chirac : http ://www.jacqueschirac-asso.fr/
La fondation Chirac : http ://www.fondationchirac.eu/
Les archives de l'Élysée (1995-2007) : http ://www.elysee.fr/
L'Institut national de l'audiovisuel : http ://www.ina.fr/

Index

B

C

D

V

Z

Table des matières

Cet ouvrage a été imprimé en France par
CPI Bussière
Z.I. rue Pelletier Doisy
18200 Saint-Amand-Montrond (France)

pour le compte des Éditions Fayard
en octobre 2019

Photocomposition Belle Page

Dépôt légal : avril 2016
N° d'édition : 68-9508-5/02 - N° d'impression : 2047733